Eike M. Falk

The Family Dog Day

Texte und Gedichte 2012-2016

© 2016 Eike M. Falk

Herstellung und Verlag:
BoD - Books on Demand, Norderstedt
ISBN 978-3-7347-7530-7

Verständnis
und Verstehen
und den Verstand
einsetzen
der
ein Verständnis
zum Verstehen
führen möchte

1. Abteilung:

The Family Dog Day

Oktober 1965 : THE FAMILY DOG

Warum eigentlich Family Dog?
Weil wir wie ne Familie sind
zusammenleben
Und weil wir nen Hund hatten
Den Familienhund
Der überfahren wurde
Das arme Kerlchen
Ihm zu Ehren

THE FAMILY DOG
Luria Castell, Ellen Harmon, Al Kelly, Jack Towle

Und die wollten das Tanzen möglich machen
Unbedingt
Es gab nichts zu tanzen
Weder in San Francisco
noch der gesamten Bay Area
Man sollt´s nicht glauben
Kein Ort, wo man hingehen konnte
um zu TANZEN
Nur ein Haufen öder Bars
Da spielte zwar mal ne Band
Aber es war kein Platz zum TANZEN
NICHTS!

´Dancing is the thing ... they´ve got to give people a place to dance ...´ (Luria Castell, The Family Dog)

DAS war die IDEE

'San Francisco is a pleasure city,' so Luria Castell.
*'San Francisco ist the only city in the U.S. which
can support a scene. New York is too large and too
confused and Los Angeles is super-uptite plastic
America.'*

San Francisco, sagten die Family Dog
kann ein neues Liverpool werden

Aber den Vergleich
brauchte es bald nicht mehr
sie wussten es nur noch nicht
und sie wussten nicht
dass sie es waren

die den Stein ins Rollen bringen würden

friggin´ & fraggin´
& rockin´ & rollin´

San Francisco
würde
San Francisco
werden

Und die Bands dazu?

Jefferson Airplane
Die waren im Matrix aufgetreten
Da passten 300 Menschen rein
Manchmal drängten sich doppelt so viele
Da war kein Platz zum Tanzen
Aber: Es sollte auch nicht
Es sollte UND es durfte nicht

The Great Society
Das waren ein paar Freaks
die waren am Film genauso interessiert
wie an der Musik
die hatten im Mothers gespielt das war der erste
psychedelische Nachtclub in San Francisco
die Sängerin der Great Society hieß Grace Slick

The Marbles
Ebenso sagenumwoben wie vergessen

Ähnlich die Charlatans
Die nannte man in San Francisco
'really the first band'
Und warum?
Weil die den Sommer über in Virginia City
Nevada gespielt hatten im Red Dog Saloon und das
war ein richtig geiler Schuppen
Und die Charlatans die hatten sich Klamotten
zugelegt die sie aussehen ließen wie die Desperados
aus den Italo-Western die erst noch kommen würden

Die Jungs waren also in jeder Hinsicht die
allerersten

Das waren die Bands
Die den Flug durch die Nacht begleiten sollten
Von 9 bis 2
Und wo?

In der Longshore Hall
Die lag unten am Hafen Fisherman's Wharf
Wie ein aufgespannter Regenschirm
Da atmete man den Charme
einer Nebelbank bei Sturmflut
Aber sie war groß
Und günstig zu haben
Da war Platz
Zum TANZEN
Für tausende von Leute
Da hieß es die Werbetrommel rühren
Damit es schön voll wurde
Da würde sich Charme von ganz alleine machen
Kohle dafür gab es keine
Aber es gab Ralph Gleason vom
San Francisco Chronicle
Der hatte über die Airplane geschrieben
Der interessierte sich nicht nur
der war auch bereit sich für
die Szene zu engagieren
der würde darüber schreiben

Und Russ 'The Moose' Syracuse gab es
Den Radiomann von KYA
Der Sender der sich 'Boss of the Bay' nannte
Die hatten die Stones und die Byrds im Programm
Vielmehr 'The Moose' hatte sie
Kann sich keiner mehr vorstellen
was ne Sensation das war
Fast schon ne kleine Revolution
Und der schwang sich mit an Bord
The 'Master of Ceremonies'
Und 'The Moose', das war ein ganz dicker Fan von
Doctor Strange
Dem zu Ehren sollte das dann auch benannt werden:

A TRIBUTE TO DOCTOR STRANGE

DOCTOR STRANGE?

Der Master of the Mystic Arts

Wo die Grenzen zerfallen
dorthin treibt es ihn
an die Grenzen
und darüber hinaus

Wer sind diese seltsamen Gestalten
die den Tod
der Tod sie
gesandt
und es geht ein aus ein

let me in
let me in
your mind
I don´t remember how

Wo Kaninchen
zu menschlicher Größe
und darüber hinaus
wachsend
Glas zersprengen
splitternd
in die Nacht hinein

night of neonlight
there
where we prepare ourselves
in ritual
our minds
honed
to their sharpest

Der 16. OKTOBER, tagsüber

Es fand
die erste größere Anti-Kriegs-Demo
statt:

THE BERKELEY VIETNAM DAY MARCH

wo die Studenten der Uni Berkeley
auf die Army Installations von Oakland zogen
Lawrence Ferlinghetti, Robert Duncan und Michael
McClure waren dabei und hatten zu Beginn des
Marsches eine Lesung gehalten
Ken Kesey´s Merry Pranksters waren da
Die Leute sangen Beatles Songs und irgendwo
zwischendrin fuhr ein alter Truck, da drauf die
Berkeley Political Music Group
The Instant Action Jug Band geheißen
Deren Leadsänger ein gewisser Joe McDonald war
Und es wurde die Geburtsstunde eines gewissen
Songs den wir alle kennen …

Denn da, zum ersten mal
haben sie ihn hören lassen
THE FAMOUS ´FISH´ CHEER:

Give me an ´F´!
Give me an ´U´
Give me an ´C´
…

Was für ein verfickter Krieg das ist
aber hey - Uncle Sam ruft
und wir wollen wollen wollen
oder nicht?
Wo doch der Mond so stilvoll untergeht
über dem Mekong-Delta
schicken wir noch paar MG-Salven
in die finstre Nacht
wo Charley wacht.
Ach, Scheißegal, Leute, Scheißegal
kommt, auf nach Vietnam
Vietnam, oh Vietnam

Eins, zwo, drei, vier
und nen ganzer Kübel voll Bier.
Fünf, sechs, sieben, acht
was ein Schmacht
nach Dope, Dope
Dope ist das einzige das zählt
in diesem verfickten Krieg

Leute, glaubt dem Senator nicht
es ist alles Schwachsinn
seine beiden Söhne
hat er freigekauft
warum warum warum
kreiseln wir uns so blöd

Ach Scheiße, ey
one, two, three, four, five, six, seven
show me now the road to heaven
weil nur ein toter Kommie
ein guter Kommie ist
hey, Charley, hey
auf nach Vietnam, Kumpels
und nen Beutel Eis
in den Arsch geklemmt

Eins, zwo, drei, vier
und nen ganzer Kübel voll Bier.
Fünf, sechs, sieben, acht
was ein Schmacht
nach Dope, Dope
Dope ist das einzige das zählt
in diesem verfickten Krieg

bis du heimkehrst
in der praktischen Box

Der 16. Oktober, Longshore-Hall, abends

Von überall her strömten die Kids
Auch aus Berkeley
wo sie eben noch demonstriert hatten
kamen sie angerollt
in ihren buntbemalten Käfern
und VW-Bussen
Und ihr Outfit war umwerfend
Das stellte jede Halloween-Party in den Schatten

WEIT! WEIT! WEIT!

Die Mädchen
die waren gekleidet
wie Lotta Crabtree
oder Julie Bunette
die großen Diven
der Goldrauschzeiten

Und die Jungs –
Mississippi Steamboat Gambler
Mining Camp Desperados
und noch mehr

MEHR! MEHR! MEHR!

Und im San Francisco Cronicle stand zu lesen:

'A hippie happening which signified the linkage of the political and social hip movements. SNCC (Student Nonviolent Coordinating Committee) buttons and peace buttons abounded, stuck onto costumes straight out of the Museum of Natural History ... the crowd danced all night long ... and I mean they danced!'

AND THEY DANCED

Es war das Größte
und das Licht zitterte durch die Halle
und die Bands spielten bis zum absegnen
und die Lightshow würde heutzutage
schwer als solche durchgehen
und der Sound war grauenerregend
aber es war alles bunt und spontan und neu
und das feeling war ihr feeling
und das war ein verdammt gutes feeling
und sie tanzten die Nacht durch

for such expression might never be repeated

und sie tanzten und tanzten und tanzten
und da gab es alles
den Hitchhike den Jerk den Dog den Hully Gully
jeder nach seiner Weise
und es gab Leute die sprangen einfach nur so rum
und andere als ob sie ums Lagerfeuer stampften
aber das war alles egal
es war das Größte schlicht und ergreifend
das Allergrößte ...

Und Allen Ginsberg soll da gewesen sein und ein
Ringelreihen angeführt haben kann aber auch sein
dass das später erst war
aber man sieht:
schon beginnen sich Legenden zu bilden

SAN FRANCISO
Das keinen Vergleich mehr zu scheuen brauchte
Von nun an nicht mehr

Und das weiße Kaninchen springt

Und die eine Pille macht dich groß
und die andre Pille macht dich klein
und hey, denkst du -
was geht denn hier ab!
Die Pillen, die deine Mutter dir gab
brachten gar nichts
Alice weiß ein Liedchen davon zu singen
geh, frag sie
frag sie, wenn ihr Kopf mal wieder
unter der Decke steckt

Und wenn du das weiße Kaninchen siehst
lauf ihm hinterher, denn
wenn es einmal ins laufen kommt
dann läuft es, läuft es, läuft und läuft
weil, es führt dich zum Wald der magischen Pilze
wo obenauf die Raupe sitzt
die Raupe, die Shisha raucht
und das ist ganz in Ordnung so
geh, frag Alice
Alice, wenn sie mal wieder
wie eine Maus so klein ist

Und wenn die Typen aus dem Schachbrett
hochsteigen
und dir einen reinwürgen wollen
und du grad so nen Pilz gekaut hast
und dir ist ziemlich mau und flau
geh, frag Alice
frag Alice, die weiß bestimmt was läuft

Und wenn dein Arsch und dein Bauch sich biegen
und sich schlängeln und verdreh´n
wenn der weiße Springer rückwärts denkt
und die Rote Königin ´Rübe ab!´ ruft
denk immer dran, was die Haselmaus sagte:
Füttere deinen Kopf!
Füttere ihn!
Gebrauche ihn!
Gebrauche deinen Kopf!

Es war ein satter Erfolg geworden
für THE FAMILY DOG
und sie konnten weitermachen
zwei Wochen später schon
brachten sie

The Lovin´Spoonful

in die Longshore Hall
das waren die absoluten Überflieger
damals
an der Westküste
deren

´Do you believe in Magic´

das eben erst erschienen war
wie eine Aufforderung zum Tanz wirkte
und mehr
viel mehr
bewirkte
als man heute denken kann
oder zu denken geneigt wäre
aber denken ist nicht fühlen
und das feeling war da
und wir gehen tanzen baby
und du wirst schon sehen

´How the magic´s in the music
and the music´s in me´

Nun
heißt es

TÜREN ÖFFNEN

und jeder soll hereinkommen
und gehen können
das
zu entscheiden
bleibt jedes Menschen
freiem Willen überlassen

denn
es sind

Türen der Erwartung
Türen der Freude
Türen des Friedens und der Verheißung

es ist alles da
und alles bereit
die Welt wartet

und wenn wir sie hereinlassen
und wenn sie durch die Türen
gegangen ist
einmal
wird es eine neue Welt sein

und es kann nur eine bessere Welt werden
weil die Welt nur besser werden kann
es ist die Welt außer sich selbst
die wir suchen
und finden werden

wir wissen das
wir
haben es gesehen

KEN KESEY
der über das Kuckucksnest
geflogen war
einmal links
einmal rechts

und die MERRY PRANKSTERS

das hättest du mal
hast aber nicht
hat kaum jemand
außer den Cops
die staunten nie schlecht
und die Pranksters waren nie
um eine Antwort verlegen
es ging ein aus ein aus
ach – das hatten wir ja schon!

Macht nichts! Macht nichts! Macht nichts!

In Laredo, Texas …
Ja?
Da gab es einen Pflanzen-Shop
da konnte man Peyote kaufen
konnte man auch bestellen und
sich schicken lassen
ganze Kartonladungen voll

Da schwirrten die roten Äpfel durch die Luft
Wie ein Kristall im Wasser

THE BUS

Furthur Further
der bunte Drache
further on
mit Cowboy Neal
on the wheel
Sonnenbrille Kopfhörer Mikrofon
endlose Monologe
brabbelnd sabbelnd schnaubend
Cassady Moriarty = the first rapper
Spaghetti unter den Fußsohlen
auf der Windschutzscheibe
2 Skorpione
Liebe machend
Cockroaches die
unter den Sitzen vorkriechen
tausende von

Blas die Backen auf Neal!
Yesss!
Und durch ...
Earth eating monsters
arriving
Ken Babbs speaking
Wikiup finally
Yesss!
This is it
Mountain Girl
laughing

Der 6. November

Da hatten die Family Dog
ihren dritten Big Event
mit den Mothers und den Charlatans
A Tribute to Ming the Merciless

In derselben Nacht gabs ein Benefiz für
the San Francisco Mime Troupe
eine freie Theatergruppe die
freie Shows in freien Parks proklamierten
und durchzogen
daher ständig mit den Cops im Clinch lagen
und notorisch unter Geldmangel litten
weil ständig jemand von der Truppe
eingebuchtet wurde
und ausgelöst werden musste

Bill Graham dem wir hier
zum ersten nicht zum letzten Mal
begegnen werden
organisierte das
The Jefferson Airplane waren gekommen
auch Ferlinghetti und Ginsberg waren da
und als das Dancing in der Longshore Hall vorbei
war kamen auch die Leute von dort mit dazu
immer mehr
die Straßen gestopfte voll

*´and the San Francisco police always wary about
the Mime Troupe blew the whistle on the event ...´*

Die Dance Floor Scene blühte auf

and the Mime Troupe *still suffering*
sollte wieder ein Benefiz bekommen
in größerem Stil diesmal
und Graham suchte und fand das
Fillmore Auditorium
das war früher die Dance Hall der
Black Community gewesen
hier waren alle Größen
der schwarzen Musik aufgetreten
nun war es etwas heruntergekommen
und versprühte den morbiden
Charme der 20er Jahre
mit einem Balkon der sich
um die Hälfte des Raumes zog
und einem altmodischen Café
es würde glorreiche Auferstehung feiern
oh ja ...

Und an dem Wochenende
wo das Dancing stattfinden sollte
da hatte Bob Dylan einen Auftritt in San José
und in einem Radiointerview verkündete er
dass er unbedingt ins Fillmore gekommen wäre
wenn sein Auftritt nicht
schon festgestanden hätte

eine bessere Reklame
konnte man sich nicht wünschen
das Fillmore war brechend voll
genauso die Straßen ringsum
den ganzen Abend die ganze Nacht
ein kommen und gehen
an jedem Ende der Halle gabs ein Riesenplakat
darauf stand

LOVE

im Café hing ein Schild

No Booze

Dafür wurden Äpfel verkauft
hinter dem Apfelstand ein Kinderwagen
in dem ein Baby unbekümmert sein Schläfchen hielt
(so heißt es)
Craaaazy!

Es war einfach eine Superstimmung

*´There was an absence of uniforms and there was no
trouble. It was the kind of crowd where over a dozen
people stopped dancing, got down on their hands
and knees to help a girl find a contact lens that had
popped out during a particularly dramatic
movement. They scrambled on the dance floor for a
few minutes and found it. She cleaned it in her*

*mouth, popped it back in and the dancing
continued.'*

The Mystery Trend spielten
The Great Society
The Jefferson Airplane
The VIPs
The Gentlemen´s Band und
The Warlocks
für die wird es einer der letzten
wenn nicht der letzte
Auftritt unter diesem Namen gewesen sein
denn kurz darauf zogen sie nach La Honda
wo Ken Kesey
seine Zelte aufgeschlagen hatte
und am 4. Dezember
da gab es einen Acid Test
und da spielten sie bereits unter ihrem neuen Namen

THE GRATEFUL DEAD

Die
GRATEFUL DEAD
haben eigentlich
nie existiert
noch würden sie je
existieren
falls das jemals
jemand für möglich
gehalten haben würde
keine Ahnung
ob
jemand so bescheuert
hätte sein können
es ging einfach nicht
was ging war
das Ding an sich
aber
ob es das Ding an sich
jemals geben kann
oder überhaupt
irgendwo
in diesem Universum
jemals
geben könnte
darüber
lässt sich
so manches Stückchen spielen

Never trust a Prankster!

can you pass
THE ACID TEST

Sie waren unterwegs gewesen
Die PRANKSTERS
mit Furthur Further
dem Bus dem bunten Drachen
und alle hätten sagen können warum
aber es gab kein Warum
auch das musste es geben
und dann waren sie wieder zurück
und hingen rum
das –
musste so sein
und wenn man rumhängt denkt man
wie wenn man in einem Baum sitzt
dann –
fängt man zu experimentieren an
mit sich
mit anderen
gemeinsam
Mentalitätssache

Allen Ginsberg Mantras röhrend röcheln
Neal Cassady – rappend
die Dead - stundenlang endlos nächtlich

Und die Trips, Captain
Jerry Garcia tippt sich an den Hut
die Cops verabschiedend
noch
ist LSD nicht illegal

The Family Dog
waren über Weihnachten nach Mexico gefahren
im Januar legten sie aber gleich wieder los
verstärkt durch Chet Helms der
im Sommer ´65 zusammen mit Janis Joplin
von Texas an die Westküste getrampt war
Chet Helms ´was a true hippie´
er war aber auch ein echtes Organisationstalent
vom 21. bis 23. gabs im Longshore das

Trips Festival

´*the kind of thing which seems to spring up
spontaneously though in reality it was the result of
careful planning*´

Hier hatten sich alle zusammengetan nicht bloß ein
dancing rock´n roll
ein *multi*
ein *mixed arts media event* sollte das werden

The True Thing, ´A Neon Renaissance´

wie Kesey das nannte

´*It´s a need to find a new way to look at the world,
an attempt to locate a better reality, now that the old
reality is riddled with radioactive poison. I think a
lot of people are working in a lot of different ways to
locate this reality ...*´

a paradise in the middle of town
a paradise for freaks and exotics

Drei große schwarze Wetterballons wurden mit
Helium aufgeblasen und in die Luft gelassen
auf jedem stand

NOW

Ein Typ begrüßte die Leute vor dem Eingang
der trug eine weiße Monteurskluft
auf die Vorderseite hatte er ein großes
schwarzes Kreuz gemalt
auf seinem Rücken stand

Please Don't Believe in Magic

Wie die ersten Besucher in die Halle kamen
sahen sie mit Schrecken
wie sich Neal Cassady vom
Balkon in die Tiefe stürzte
was sie noch nicht sehen konnten
war das Trampolin auf dem er
munter umherhupfte als sie näherkamen

Es gab nen Haufen Stände
einen psychedelischen Bookstore
fünf Filmleinwände
und
KUNST KUNST KUNST

erstmals auch großaufgemachte Lichtspiele
Lichtspielereien *black light strobe*
(stroboscopic) *light fluorescent paint*
zum ersten mal auch
die silbernen Discokugeln (ach!)
auch der Sound begann besser zu werden
denn trotz allem waren die Bands ja doch

das WICHTIGSTE

darum waren die Leute doch gekommen
um zu feiern und zu tanzen
die Musik das war es doch
die Bands zu hören

The Grateful Dead
Big Brother & The Holding Company
und die anderen alle

Michael Rossman ein Lyriker der damals für ein
Magazin unterwegs war schrieb dass er endlich mal
hatte verstehen können was die Jefferson Airplane
so an Text von sich gaben und wie gut ihm das
gefallen hatte und es war überhaupt alles sehr schön
und *all the people had a fine time* ...

Maria Juana
du schöne Kleine
die Rauchzeichen aufsteigen lässt
die umschwirren dich
wie Kolibriflügel
so bunt
und so schillernd
und die Liebe danach
und dabei
und darinnen
ah! diese Sonnenblume
und oh! diese Wolke
wie ein Elefantenrüssel so dick
und so groß
klingen die Worte der Erde
in dir
steigen sie auf
deutlich und klar
die Ringeltaube seufzt
die Bisamratte gräbt sich
Gänge in dein Hirn

Du schlägst die Augen auf
und siehst
und siehst
mit tiefen Blicken
siehst du alles

Es hätte alles so schön sein können
wenn Uncle Sam nicht gewesen wäre
you can't always get what you want
Uncle Sam war sehr böse
die wollten frei sein high sein
die wollten *Peace and Love*
Uncle Sam wollte Soldaten für Vietnam
die rannten von zuhause weg
Uncle Sam wollte gefügige Staatsbürger
in San Francisco gab es im
Frühjahr und Sommer '66
nicht mehr nur die Dancings
in den großen Hallen
die Leute zog es auf die Straßen
in die Parks
Be-ins Go-ins wurden inszeniert
das Konzept der Free Fairs entstand

*basically an outdoor Trips Festival with the
exception that it was all free*

*'An nun read poetry at the Free Fair Saturday
afternoon and then passed around an antiwar
petition. Little kids had the time of their lives
painting one another and throwing powder on a
group of voluteer adults. A man with a flute led a
group of kids and a huge Great Dane in a chant
and dance which was delightful.'*

Die alternative Musikszene
entwickelte sich immer weiter
verbreiterte sich auch landesweit

The Doors
kamen dazu
Jimi Hendrix
The Mamas and the Papas
Simon & Garfunkel
Frank Zappa & The Mothers
Captain Beefheart
und und und ...

Und die Kids strömten nach San Francisco
das kleine Viertel Haights-Ashbury
wurde zum Synonym
für die neue Art des Zusammenlebens
hier fanden die Hippies und Runaways
eine neue Bleibe eine ihnen gemäße

LOVE & PEACE

aber das mochte Uncle Sam gar nicht leiden
in einer großen New Yorker Zeitung
die ansonsten keine der schlechtesten war
wurde das Stadtviertel von einem Kolumnisten
gehässig in Hashbury umgetauft
da kann man sich leicht vorstellen
was in wirklich konservativen Kreisen abging

das Fillmore wurde zum
Sündentempel stilisiert
wo die armen Kids mit
Drogen vollgestopft wurden

*'The dance halls began to be lightning rods
attracting child-hunting parents, private eyes and,
eventually, the whole police establishment ... it is a
crime in our society to be under 18 and having fun.'*

Uncle Sam zeigte seine Fratze
vorläufig nur die ...

Es kam der 14. Januar 1967
es war ein Samstag
und es war MAGIE

Die Leute die es erlebt haben sprechen davon
wie von einer Außerirdischenlandung
Irgendsowas muss es auch gewesen sein
Es war ein schöner sonnenglänzender Tag
ausgesprochen warm für die Jahreszeit
es war

The GATHERING of the TRIBES

so war es ausgerufen
und es war im Golden Gate Park
und es war ein Samstagnachmittag
und es war MAGIE

Für ein Uhr war es angekündigt
aber lange vorher schon kamen sie
aus allen Richtungen
von überall und von nirgends her
schienen sie zu kommen
zwanzigtausend sollten es schließlich werden
zwanzigtausend die den Mythos schafften
den MYTHOS
eines Nachmittags
im Januar
in San Francisco
im Jahr 1967 ...

seine Nase pustet in meine Nase
mir ist so als grinste er
und diese Augen
boah, was für Augen
das ist Unsterblichkeit
ich fühle mich sehr erhaben
der Coyote grinst

dann ist er fort

noch so ein nächtliches Erleben

Türen
Türen, die von Coyoten durchschritten werden

dann der Geier, der Zopilote
sitzt da einfach rum
der hat auch irgendwie so Augen
Augen hat der
wie Fenster
Fenster
Türen
alles öffnet sich

wir haben mit ihm unser Frühstück
geteilt

and we all come
to look for America

obwohl ich nie in Saginaw
gewesen bin
ich kann es mir aber
lebhaft vorstellen
kannst du nicht, sagt Bobby
niemand ist je in Saginaw gewesen
es ist eine Illusion
alles ist eine Illusion

ich habe es immer gewusst

es ist angenehm in einer Illusion
oder in der Illusion einer Illusion
es ist so vieles möglich
immer mehr und
ganz viel alles

raus aus der Gesellschaft und
rein in die Wüste
nur wir
Erleuchtete
Erleuchtete?
Erleuchtung suchende
suchen wir wirklich
nein, nein – wohl doch nicht
wir wollen einfach nur sehen
mal einen Blick werfen
was anliegt

to look for America

ein Mythos hat die Kraft des Seins
du musst ihn nur erschaffen
it's easy

one, two, three, four, five, six, seven
is this the road to heaven

YES

und es hat
und wird für immer
YEAH
diese großen Becher Eiscreme
geben

und die Außerirdischen haben uns erzählt – nein
aus dem Weltall wäre auf den ersten Blick nicht
zu erkennen, dass die Menschheit
das Geschwür dieses Planeten ist

Jimis Vater hatte 6 Finger an jeder Hand
da wundert nun gar nichts mehr
Jimi hat gefühlt die doppelte Zahl
und vier Zungen oder so
die Außerirdischen freut das
der andere Jimi, dieser eher schweigsame
Bursche aus Manitoba, braucht unbedingt
seine Coke, darum müssen wir überall
anhalten um Coke zu tanken
Cokes

to
get you higher
and higher
and
feed your head

feed your head

mitten auf dem Highway steht
ein alter vergammelter Schaukelstuhl
wir steigen aus und
jeder schaukelt ne Runde
am Straßenrand schon wieder ne
tote Rattlesnake
ob der der Schaukelstuhl gehörte?

Hinter der nächsten Tür sitzt der Coyote
und grinst
zwischen den Türen
hackt der Geier nach meinen Augen
das finde ich ungerecht
haben wir doch unser Frühstück mit
ihm geteilt
das alles zählt nicht mehr
one, two, three, four, five, six, seven
ich wittere das Habitat
habitually
oh yeah
wo bist du? zeig dich mir
du kleiner Stachelloser unter

den großen Stachligen
doch du verbirgst dich nicht
purple is your heart your soul
purple is your innocence
purple is your breeze
it's the breeze of love and life
the breeze of man
and of every livin' beeing
you can feel it on the ground
you can smell it in the air
this is the road you have to go
follow it within your heart
you will know
you will hit it
down down down
and high above
you can see
and you know
you know
you know

oder so …
es ist schwer zu beschreiben
denn beschreiben brauchst du nun
nichts mehr
eigentlich
hast du alles gefühlt
was das Leben zu fühlen für dich

aufgehoben hat
oder so
könnte es sein

es gab mal einen Mann, der hatte
zwei Gesichter
es könnte aber auch eine Frau mit
drei Gesichtern gewesen sein
könnte sein …
könnte sein …

du hast deinen Kopf gefüttert
du hast gelernt deinen Kopf zu füttern
jetzt will er Futter haben

Wenn du auf einer Linie ein Haus baust
hast du ein Haus, das auf einer Linie steht

warum gibt es diese Welt
wozu sind wir auf der Welt
warum wozu gibt es diesen Drachen
zwischen den Türen, der in letzter Zeit
sowieso meistens ein Geier ist?

Das ist doch alles scheißegal

wichtig ist, dass es diese großen Becher
Eiscreme gibt
das finde ich sehr wichtig

dein Kopf lernt mit dir sich zu füttern

Mythos :: Musik
reicher :: schöner :: blühender
wüst :: wild :: wunderbar

alles was ist ist
alles was jemals war

Es gibt einen gewissen Zeitpunkt in
der Nacht, da ist es ganz still
da wird nicht einmal gestorben
nur eine riesengroße Motte in der
Saguaro über mir
bewegt ihre Flügel
eine Gespenstermotte
und der Himmel fängt an blau zu werden
von schwarz nach grau nach blau
und – bumm – ist die Sonne da
und schon wieder sitzt da
der Geier

der Coyote grinst
jedenfalls
hockt
bestimmt
irgendwo
da hinten
ein Coyote
und grinst

Jimi greift nach seiner Coke
(und kann von Glück reden
dass er die Rattlesnake verfehlte)
Jimi greift sich seine Gitarre
und erzählt uns von
Betty Jean
ribbons of euphoria
remember
forever
November
I will sleep
in my little box
please Mister Postman
send me a letter
and the wind cries Mary

TCDD
das giftigste aller Dioxine
wo das hinfällt wächst kein
Laub mehr
es wächst aber auch kein Kind im
Mutterleib mehr
oder wenn, dann sieht es aus
wie ein Zombie

wie wenn du McNamara
auf nem schlechten Trip
erwischen würdest

und dann holt ihn der Zopilote
der Lieblingssong der Soldaten in Vietnam
derzeit: We gotta get out of this Place

immer wenn ich in Ramstein war
hat es diese großen Becher
Eiscreme gegeben
Elvis war nie in Ramstein

die Wüste ist ziemlich ausgiebig

nein – wir fahren nicht durchs Death Valley
wir wollen ans Meer
straight on
Santa Maria
Wasser, Meer
gibts das überhaupt
oder ist das eine Illusion
ist auch das eine Illusion
aber klar doch
du kannst sie erleben

and it never rains in Southern California
but there is
an ocean
with a view

and maybe
yes …

maybe you see a bat fly by
why not
a waterseabat

6 Cokestationen später
haben wir L.A. hinter uns
people are strange there

denn es gibt
und es kann
nur ein Ziel geben
with Cowboy Neal on the wheel
yeah, baby
this is the road
das ist die Straße zur Vollkommenheit
und immer wieder
werden die Surfbretter ausgepackt
surfin', surfin', surfin'
the seveb seas
and the four strong winds
Und dann ist es soweit!

Wir setzen zur Landung an
die Türen öffnen sich
die Türen gehen
ganz weit auf
mit nichts
dazwischen
das ist ein kosmisches Gefühl
hey, du Geier – sag schon

sag was
leg los
erzähl mir
was der ägyptische Mistkäfer dir verriet
es gibt das Leben nach dem Tod
aber wichtiger doch ist
das Leben davor
und je mehr Leben davon
umso geiler
darauf kommt es an
jeden Tag ein neues Leben
jeden Tag
lebe jeden Tag
und tanze, tanze
tanze Calliope
tanze mit den sieben Zwergen
und im Himmel schwebt
ein gelbes Unterseeboot
das sind die Außerirdischen, die
uns im Auge behalten
(verlasst euch drauf!)
und irgendwann
nach unzähligen Joints
die niemals
aber auch nicht ein einziges mal
gebogart wurden
tauchte auch unser Freund
vom Weißen Sand auf
und der hatte eine Indianerprinzessin gefunden
die er uns vorstellte, und es begann

eine neue
eine ganz neue
Geschichte

denn es ist nichts vorbei
nie

und es wird
immer
YEAH
diese großen Becher
Eiscreme
geben

und eine rote rote Rose
auf ihre Gräber

3. Abteilung:

American Beauty

Bikers Splash
~ für Duluoz ~

Das war in Sturgis, South Dakota
irgendwann in den 90ern
das große bikertreffen, ich
war da zufällig hingeraten, bin
kein biker, eine heiße nacht im August
tausende von motorrädern aufgereiht
in der Main Street, Harleys aller
zeiten, Knuckleheads, Shoverheads
Panheads, chromblitzende
schönheiten, 400.000 leute in dem
kleinen kaff, eine woche lang
ich mittendrin, zufall, reiner
zufall, quetsch mich durch
die menge, bikertypen
ungewaschen seit tagen, die zähne
mit nichts geputzt als gallonen
von bier, und ich überleg mir
was wohl sein würde
wenn ich jetzt eine der maschinen
anstieße, und die umkippte
und die anderen alle mitnehmen würde
wie dominosteine, die
ganze Main Street runter, da
merk ich, wie die menge sich
plötzlich teilt vor mir, wo mir

eben noch der bierdunst um die nase
wehte, und ich denke: oh scheiße –
können die gedanken lesen
oder steht was falsches auf meiner
basecap – Harley Hater – oder so
und sie starren mich alle an
bilden gasse und starren mich an
und ich beginn zu schwitzen
unter der basecap
und unter den achseln, da
bilden sich nasse flecken, ich
weiß es, ich spüre es, aber
was soll ich machen, ich
geh weiter, immer weiter
und sie starren, bilden gasse
bis ichs nicht mehr aushalte, mich
umdrehe in einem puren akt der
verzweiflung, und da, hinter mir
zwei schritte hinter mir
da geht die schönste frau der welt
so scheint mir, langes blondes haar
cowboystiefel hat sie an, sonst
nichts, cowboystiefel
und body paint all over
alles bunt, und ein lächeln im gesicht
und ich stehe und starre wie die anderen
alle, da
ist sie vorbei, lächelnd

und ich steh wieder mittendrin
mitten zwischen den ungewaschenen
kerlen, im bierdunst
eben noch war ich
(beinah)
der mittelpunkt der welt

Wrong Way

´Wrong Way´
steht auf dem schild
klar denk ich schon klar
ist alles zu ende
aber da bin ich schon drin
´Do Not Enter´
zu spät
ne kuh steht auf nem dach
ist plastik
ne molkerei oder was?
ein haufen wirres gestrüpp
strommasten
stromleitungen
wirr wild
kann keinen sinn entdecken
die ampel schlägt auf rot
noch mehr haufen wirres gestrüpp
ein abwasserrohr
die brühe gießt sich
auf die straße
eine krähe schimpft
ich schimpf zurück
leben alte zicke
sie schlägt mit den flügeln
´Walk´ steht
ich geh weiter
obwohl kein auto
weit und breit

immer noch nicht zu sehen ist
eine abgewrackte bruchbude
noch eine
´One Way´
ampel
´Walk´
wirres gebüsch
oberleitungen
bruchbuden
ich sehne mich
nach der plastikkuh
ich sehne mich
nach irgendwas
müllsäcke im gebüsch
wieder ein abwasserrohr
´Dont Walk´
scheißegal
schienenstränge die
nach nirgendwo führen
wohin sonst
da fährt kein zug mehr
unter den ich mich werfen
könnte
eine leere brücke
die bäume sind alle kahl
im gestrüpp die leiche
einer frau
endlich
leben
nein

es ist eine schaufensterpuppe
das gesicht zerbröselt
´Wrong Way´
eine wäscheleine
auf der wäscheleine
hängt ein hemd
mit der wäscheleine
werde ich mich erhängen
´Exit´
ich häng mich dazu

never ever forever

remember
forever
November
never ever forever
hail Atlantis
across the border
its Susan on the westcoast
waiting for the
spoonful lover
give me more, give me more
give me more
the summer of forgetfulness
we were watching
the prodigal son
satisfying his nasty needs
staring at
the shady pale of winter
looking for adventure
and its one, two, three ...
and we all came together
at Wounded Knee
the child in time with
the diamond eyes
barking dogs
the Tambourine Man
have you ever seen
the refrigerator, baby

mauling in the doorway
penetrating bystanders
the flowers of love and peace
broken wings
flattering and flattening
have you ever seen the rain
falling down
on tombstones, chimneys and
sophistry
have you? have you not?

Lovely Rita
she barely had a chance
always hungry
for the essential kick
the kick inside
howling, scowling
screaming
dreamer, once I had
a dream
last night
within the refrigerator
never ever forever
remember
all the times
times, they are awaiting
all the lonely people
they are gone
up up and away

have you ever seen
death come by
sometimes he´s only
luring around
but then again
he is snapping
the last waltz
the walrus

no, baby, no
its not the piano player
its the guitarist
the drummer, baby
is dating Mrs. Robinson
Sad Liza is listening to
the weary song of
love and hate
go down Moses
catch the wind, baby
try to catch the wind
if death comes true
once upon a time
remember
all the dreams
surrounded by supremacy
four and seven or five
too more many miles
the highway to paradise

lost
and
gone
forever
never
ever
forever

American Beauty

Sie haben ihm die Todesspritze gegeben
sie haben ihn einen Terroristen, Kommunisten
schwule Sau genannt
nichts daran stimmte
seine Frau hat sich nach Mexico absetzen können, seine
Jünger werden vom Ku-Klux-Clan gehetzt
scratch – scratch
American Beauty
ein paar Liberale werden sich aufregen, noch
eine Weile, dann
wird alles vergessen sein
wenn der Hahn dreimal krächzt
ist Super Bowl
und sie beten zu ihrer Fahne
sie beten, als ob ihnen die Sterne in der Seele
brennten
sie beten zu den Balken auf ihrer Flagge
zu den Balken vor ihren Augen
scratch – scratch
American Beauty
blutverschmiert
sinnloser Cowboywahn
bestialisiert
schwarz tropft das Öl von der Pipeline
auf den Strand
am Strand hat sich eine Niggerschlampe
den Todesschuss gesetzt

schwarz tropf das Blut aus der Vene
in New York sitzt eine schwarze Spinne
die spinnt schwarze Fäden
heilig ist die Mutter der Verhütung
scratch – scratch
American Beauty
in Iowa kauert ein tumber Tor
im Weizenfeld und zählt die Halme
fünfmal hunderttausend, stottert er
überrascht
dann geht ein Strahlen über sein Gesicht
er springt auf und singt …
aber es braucht nicht alle Welt
alles zu erfahren
es hat niemand irgendwas gesehen
nun gut, Burroughs vielleicht, als er
an einem bestimmten Tag im Mai
in einem schäbigen Hotel in New Orleans
erwachte. Aber Burroughs … dem glaubt
sowieso keiner … und das ist gut so.
Spuren verwischen
scratch – scratch
American Beauty
tumbe Toren wissen immer mehr
ich hätte ihn singen lassen sollen
nun tut es mir leid
drei Tage hat es gebraucht
um von Saginaw hierher zu trampen
hierher – wohin?

Sie haben seine Jünger fertig gemacht
sie haben sie erwischt, einen
nach dem anderen
und sie haben sie fertig gemacht
scratch – scratch
American Beauty
blutverschmiert
ich setze mich zu dem tumben Toren
nieder und nehme seine Hand in die
meine, da setzt sich eine Maus auf
seinen linken Schuh
wisst ihr was, sage ich zu den beiden
ich besorg uns ein paar Donuts
es ist ein seltsamer gelber Streifen am Himmel
all come to look for America
Madame Blavatsky soupiert mit
Heinrich Himmler. Nach dem Dessert
lassen sie zwölf Untermenschen
auspeitschen und Sarah Palin
tanzt den Schleiertanz
The Mother of Redemption
another Saturday night
oh baby baby
scratch – scratch
American Beauty
ich habe einen Kristall, darin sehe ich
sie alle. Nein, es ist keine Kugel, es ist
ein Quader. Darin sehe ich sie auftreten wie
auf der Bühne eines Puppenspiels. Sie zappeln

an ihren Fäden und lassen an ihren Fäden
zappeln. Im Hintergrund schwebt, milchig
verschwommen, ein Erzengel. Auch er ist
gebunden. Wir alle sind gebunden.
Es ist eine verdammte Schweinerei!
scratch – scratch
American Beauty
auf der Spitze des Eisberges, und der
Eisberg ist sehr spitz, befindet sich das
Astrolaboratorium eines Kobolds
der Kobold heißt Zuckerberg
aber das ist kein Zufall
das Seltsame an der Seltsamkeit
ist die Seltsamkeit
ich schreibe mit unsichtbarer Tinte
Worte von paradiesischer Unschuld
scratch – scratch
American Beauty
es wird ein schöner Mythos zurückbleiben
und das Beste daran ist: ich
habe ihn erlebt
los gatos maúllan a la luna
ea, ea, ea …
die Nacht ist schmutzig dunkel
von Schwärze keine Spur
und doch
die schmutzige Dunkelheit
macht sie umso finsterer
und ein Stern glänzt …
es gibt endlos unergründliche Gewölbe

American Beauty
blutverschmiert
sie haben sie alle erwischt
alle ...

Das war die Zeit

Das war die zeit, wo Calamity Jane sich die Main Street rauf und runter soff – und dann das heulen kriegte – und sie heulte wie ein zehnfachgeiler coyote, so heulte sie – und sie machte nur mal pause wenn ihr wer nen schluck whiskey einschob – und dann heulte sie wieder und weiter, heulte wie zehn geile coyoten – und einer hielt ihr ne flasche whiskey vor die nase – und sie taumelte hinterher - heulend, versteht sich – immer heulend – heulend wie zehn zehnfachgeile coyoten – bis man sie ins bett verfrachtete – wo sie gleich wegsackte wie tot, die flasche whiskey im arm – dafür war sie berühmt – und dass sie mit Custer geritten war – und dann mit Wild Bill in Deadwood – wo sie dessen mörder zur strecke brachte – sie sagte es so, und wir glauben ihr, warum auch nicht – und mal als goldsucher unterwegs, mal als wäscherin, dann eine postkutsche lenkend – und männer und suff und der hangover am morgen danach – das nagt an der schönheit – und doch – wenn sie irgendwo hinkam, dann stands in den zeitungen zu lesen in riesenlettern – und mit fast fünfzig noch, da haben die kerle 25 cent gelöhnt für einen tanz mit ihr – nur um damit angeben zu können – so berühmt war sie ...

Das war die zeit, wo Julie Bunette in Virginia City aufkreuzte – eben als sie die große Comstockgoldader auftaten – die einzige frau und eine seltene schönheit – 1000 dollar die stunde soll sie gekostet haben – nach einem halben jahr nannte sie einen palast ihr eigen – dort empfing sie nun ihre gäste – rokokofassade – französische gerichte und französischen wein mit französischer eleganz in französischer spitze – lakierte kutsche mit wappenschild – vier asse von einem schlafenden löwen gekrönt – augenzwinkernde klasse – Wells Fargo brachte täglich frische schnittblumen aus Sacramento – das gold sprang aus dem boden in Julies schoß – sie schleckte es auf – westlich von Chicago war Frisco nur größer – 30.000 einwohner hatte die stadt – und die stadt gehörte ihr – bis eines abends drei männer an ihre tür klopften – drei männer mit hochgeklapptem kragen – und am morgen danach waren ihre juwelen weg – und ihr gold – und das französische mädchen fand sie tot auf dem bett mit roten würgemalen am weißen schwanenhals ...

Das war die zeit, wo Adah Menken tanzte – und die stellte selbst Lola Montez in den schatten – und von der Montez sagte sie, die hätte mit nem könig angefangen und wär bei den goldgräbern geendet – sie hätt mit nem preisboxer angefangen und würd erst mit nem prinzen aufhören – The Frenzy of Frisco nannte man sie – und mal will sie Sam Houstons geliebte gewesen sein, mal dessen tochter – in New Orleans ist sie am ballett aufgetreten – in Cuba, in Mexico – sie ging immer in gelb, in gelber seide – sie

ritt in die wüste hinaus und ließ sich in den sand fallen
- ´irgendwann ... irgendwo ...´ rief sie aus – man
feierte ihre Byron nummer – Mazeppa – die heißeste
nummer aller zeiten – in ständig wechselnden
kostümen – knapper als knapp – Mark Twain lag ihr
zu füßen – fütterte ihr schoßhündchen mit
brandygetränkten zuckerstückchen und betete ihre
legendären schenkel an ...

Das war die zeit, wo Rose Dunn – The Rose of
Cimarron – mit Bittercreek Newcomb durchbrannte –
da war sie vierzehn – und mit the Wild Bunch durch
den westen zog – die alles ausraubten was
auszurauben war – die gang vergötterte sie ihrer
schönheit wegen – als die marshalls sie mal in Ingalls
stellten und Bittercreek verwundet auf der strasse lag
– kein schuss munition mehr – da kam sie vom Pierce
Hotel rübergerannt – mit zwei gurten munition und
ner winchester – mit der feuerte sie auf die marshalls
– während Bittercreek nachlud – so konnten sie
entkommen – ganz klar – The Rose war ein outlaw –
ihre brüder haben Newcomb später an die cops
verraten – da hat sie dann einen politiker geheiratet ...

Das war die zeit, wo Lotta Crabtree ihre roten locken
warf – mit acht stand sie auf der bühne – da war sie
klein für ihr alter – und so blieb sie – immer die kleine
– und immer die unschuld mit roten locken,
melodischem lachen und großer stimme – die kleine
Lotta spielte das banjo wie Jimi Hendrix die gitarre –

die harten jungs aus den bergen warfen mit goldklumpen nach ihr – ganz in weiß und schnulzige balladen von unschuld und vertrauen – so mochten sies haben – die jungs aus den bergen – und ließen gold regnen – die kleine unschuld unter den schurken – auf der welle schwamm sie rüber nach Frisco – und die küste rauf und runter und wieder hoch – und als sie dann starb – das war 1924 – da war sie 4 millionen schwer – und das alles bekam die wohlfahrt – weil sie so unschuldig war ...

Das war die zeit, wo Carry Nation durch die gegend zog und bars zertrümmerte – ihre beiden ehemänner waren säufer gewesen – das gab sie nun allen säufern zurück – in Dodge, in Wichita, in Medicine Lodge – sie ging in die bars und zerschmiss alles mit steinen – später besorgte sie sich ne axt und haute alles kurz und klein – brachte zwei zeitschriften raus – die ´Glassplitter-Gazette´ und ´Das Beil´ - kein gericht wagte es sie aufzuhalten – bis sie eines tages nach Butte, Montana, kam – da betrieb May Maloy einen tanzschuppen – und wie Carry da reinkam mit ihrer axt, da ließ May sich nicht lumpen und jagte sie zurück auf die straße – seitdem hat Carry keine bar mehr zertrümmert – zog in die Ozarks nach Arkansas und wurde vergessen – gott schütze May Maloy ...

San Xavier del Bac

Bac. Trockener Fluss.
Rio de Santa Maria.
Einmal im Jahr stößt das
Wasser wieder hoch.
Dann gibt es Leben. Für die
Felder. Für die Menschen.
Sobaipuri Indians.
IHS. Seelen zu retten.
Kamen die Jesuiten.
Eusebio Francisco Kino.
Spricht den Sobaipuri von Santiago,
der die Spanier bekehrte,
so wie er sie, die Sobaipuri,
bekehren wird.
Die Indianer sind freundliche Menschen.
Geben ihm einige Kinder zur Taufe.
Man weiß ja nie ...
Kino gibt sich Mühe. Rinder,
Schafe, Ziegen, Pferde.
Na, und so nahm das seinen Lauf.
Alles ganz rührend.
Natürlich treten auch Bösewichter auf.
Apachen, die das Vieh wegtreiben.
Habens nicht leicht, die Herren
Väter Jesuiten.
Sterben an den unmöglichsten
Krankheiten. Einer auch
am Sonnenstich.

Und die Sobaipuri machen
was sie wollen. Treiben sich in
der Wüste rum, wenn ihnen danach ist.
Alles ganz rührend.
Aber Jesuiten sind Querschädel.
Bleiben. Machen weiter.
Dann die Franziskaner. Als die
Jesuiten verboten wurden. Da
sind wir dann schon 1768.
Bauen sich eine hübsche Missions-
station da in die Wüste neben
den Bac.
Geht runter und hoch und runter.
Revolution in Mexico.
Da sinds nur noch die Vögel, die
Gott preisen über dem Altar.
Schwalben nisten in
Jesu Dornenkrone.
Aber niemand plündert die Kirche,
rührt was an, pickt sich Steine raus,
nichts dergleichen.
Wundersames in der Wüste.
Alles ganz rührend.
Bis heute.
Drei Messen werden
an Sonntagen gelesen.
Alle rappelvoll.
Es gibt sogar einen kleinen
Missionsshop. Da kauf ich
mir eine Broschüre, die

Biographie der Klosterkirche, aus
der ich das alles hier habe,
einen Franziskus, in der einen
Hand trägt er das Kindlein, in
der anderen einen Strauß Blumen
(rührend) und ein ´pequeño libro
de oraciones´ (man weiß
ja nie ...): Gloria al padre, y
al Hijo y al Espiritu Santo.

Die Geschichte von der Klapperschlange,
Señor Gallo, dem Hahn, und Don Coyote

Ay, die Geschichte von der Klapperschlange,
Señor Gallo, dem Hahn, und Don Coyote.

Und die Klapperschlange war
    eingeklemmt unterm Fels
Und konnte sich nicht mehr
    fortbewegen
Und Señor Gallo, der Hahn,
    kam vorbei
Und die Klapperschlange bat ihn
    sie doch zu befreien
Und Señor Gallo sagte: aber ja,
    warum nicht
Und wälzte mit Mühen den
    Felsblock beiseite
Und die Klapperschlange sprach:
    ay, wie hungrig ich bin
Und sprach: ay, wie gern mag
    ich dich jetzt fressen
Und Señor Gallo war gar nicht
    wohl zumute
Und er sprach: das ist ungerecht,
    wo ich dir doch geholfen habe
Und dich befreit habe
    von dem Fels
Und die Klapperschlange sprach:
    ich will dir eine Weisheit anvertrauen

Und die besagt, dass Gutes stets mit
    Bösem vergolten wird
Es costumbre, sprach die
    Klapperschlange, costumbre
Und Señor Gallo war
    gar nicht dieser Ansicht
Und machte den Vorschlag einen
    Richter zu finden in dieser Sache
Und die Klapperschlange war einverstanden,
    ihres Erfolges gewiss
Und sie brauchten gar nicht lange zu suchen,
    da trafen sie einen Esel
Und sie trugen dem
    Esel die Frage vor
Und der Esel sprach: die schwersten
    Lasten habe ich geschleppt
Und was war der Dank? Ausgesetzt hat mich
    der Herr da ich nun alt und schwach bin
Und am Ende ist es doch immer das
    Gleiche: Gutes wird mit Bösem vergolten
Und die Klapperschlange
    freute sich sehr
Und sah dem Señor Gallo
    tief in die Augen
Und Señor Gallo bekam
    einen Schreck
Und sprach: nein, nein, ein Richter
    ist noch nicht genug
Und die Klapperschlange, ihres Erfolges
    gewiss, sagte: na gut

Und sie gingen weiter, und sie trafen
 einen Ochsten
Und sie trugen dem Ochsen
 ihre Frage vor
Und der Ochse sprach: ach, ich habe
 meines Herren Pflug gezogen
Und ich habe meines Herren
 Karren gezogen
Und nun, da ich alt bin und schwach, da
 lässt er mich saures Gras beißen
Und auch das nur, damit ich etwas auf den
 Rippen habe, bevor der Schinder kommt
Und so geschieht, wie es immer geschieht
 Gutes wird mit Bösem vergolten
Und die Klapperschlange richtete
 sich hoch empor
Und sah dem Señor Gallo
 tief in die Augen
Und der Señor Gallo zitterte am
 ganzen Leib
Und schon wollte er sich in sein
 Schicksal ergeben
Und schon ... doch da sah er den Don
 Coyote von weitem sich nahen
Und er winkte ihm zu, und Don
 Coyote kam herbei
Und Señor Gallo sagte zur Klapperschlange:
 nun, aller guten Dinge sind drei
Und sagte: nun lass uns noch den
 Don Coyote befragen

Und die Klapperschlange, ihres Erfolges
    gewiss, sagte: nun gut
Und sie sprach: aber er soll der Letzte
    sein und die Sache entscheiden
Und sie trugen Don Coyote
    ihre Frage vor
Und Don Coyote kratzte sich
    hinterm Ohr
Und Don Coyote sagte: es wird schwer
    sein ein gerechtes Urteil zu finden
Und sagte: zeigt mir doch einmal, wie
    es sich zugetragen mit euch beiden
Und so zogen sie denn zu dritt
    zu dem Felsen hin
Und Don Coyote bat die Klapperschlange
    sich doch zu legen unter den Fels
Und Don Coyote schob den Fels
    über die Klapperschlange
Und die Klapperschlange lag wieder
    fest unterm Fels
Und Don Coyote fragte sie ob es so
    gewesen sei
Und die Klapperschlange sagte, ja, so
    habe sie dagelegen
Und auch Señor Gallo sagte, ja, so
    habe er sie vorgefunden
Und Don Coyote sprach: nun gut, so
    mag sie denn liegen bleiben

Riefen alle: Ay, costumbre, es costumbre

Santa Fé

Die Plaza in Santa Fé.
Spitzenrestaurant. Spitzenessen.
Aber wie soll mans genießen
wenn es keine Zigarette gibt.
Davor. Danach. Dazwischen.
Also immer raus auf die Plaza.
Auf die Bank gesetzt und gesmökt.
Und das nennt sich Zivilisation!
Aber wenigstens noch Wein zum Essen.
Immerhin. Hier gibt es Ecken, da bist du
200 Meilen vom nächsten Liquor
Store entfernt. Zivilisation!
Das ist doch zum Wändehochjumpen
(Canyonwände).
Gilamonster hinterm Felsvorsprung.
Und wenn du hochgreifst
gleitet dir ne Korallenschlange
über die Finger. Scheißgiftig.
Kann aber auch ne Harmlosere sein.
Eine, die nur tut als ob.
Nur – haste jetzt die richtige
Anordnung der Bänder im Kopp?
Haste nicht. Scheiße, ej.
Und der nächste Liquor Store ist
200 Meilen weit weg.
Aber wir sitzen ja immer noch in

Santa Fé. Hier gibt es Wein (kann
man nicht oft genug betonen)
und zu rauchen gibt es auch
wenn man den Paria macht.
Mann, wie einen die Leute anglotzen.
Boah, ist das gut.
So ne Zigarette nach dem Essen.

Taos

Friendly Indians. Friendly dogs.
Reizend verschmust
(die Hunde meine ich natürlich).
Messe ist gerade.
Scheints ist immer Messe
wenn wir irgendwo vorbeikommen.
Sie stehen alle noch
vor dem Portal.
Nur komisch – kein Geläute, kein Gebimmel.
Ach, schau: da schlafen zwei Eulen
im Glockenturm.
Wie lieb. Wie rücksichtsvoll.
Wollen den Eulen das Nickerchen
nicht stören.
Wir wollen auch nicht stören.
Machen einen Spaziergang.
Den Rio del Pueblo aufwärts.
Inka Doves, ein Pärchen Roadrunner
und ein knallbunter Specht.
Schnee in den Bergen.
Jede Menge Hörnchen.
Weiter oben ein
großer grauer Waldsquirrel
und eine freundliche schwarz-gelb
geringelte Schlange (very friendly).
Que alegria vivir.
Wir kehren um.
Die Messe ist zu Ende.

Kam eine Scheibe geflogen

Kam eine Scheibe geflogen.
Saß ein kleiner alter Mann drauf.
Blinzelte der alte Mann.
Kam eine Wolke geflogen.
Saß ein kleines Mädchen drauf.
Blinzelte der alte Mann.
Kam eine Wolke geflogen.
Saß ein kleiner Junge drauf.
Setzten sich alle zusammen auf die
Wolke des kleinen Mädchens.
Ich werde euch Kleines Mädchen und
Kleiner Junge nennen, sagte der alte Mann.
Und wer bist du? fragte Kleiner Junge.
Ich bin der Schöpfer, antwortete der
alte Mann.
Blinzelte. Ging die Sonne auf.
Oh! sagte Kleines Mädchen.
Oh! sagte Kleiner Junge.
Die Sonne kam näher und schien.
Und was machen wir jetzt? Fragte
Kleines Mädchen.
Lasst uns die Erde machen, sagte der
alte Mann.
Griff in die Wolke und zog etwas hervor
das wie eine Bohne aussah.
Und das soll die Erde sein? fragte
Kleiner Junge enttäuscht.

Noch nicht, sagte der alte Mann
Und warf dem Jungen die Bohne zu.
Da war sie schon etwas gewachsen.
Da warf Kleiner Junge Kleinem Mädchen
die Bohne zu. Da wuchs sie noch mehr.
Und Kleines Mädchen warf sie zu
Sonne hin. So ging das fort.
So wuchs die Bohne.
So wurde die Erde.
Und sie machten Wolken und Wasser ...
und Pflanzen und Tiere ...
na, und so fort ...

Wer hat die Welt gemacht?

Wer hat die Welt gemacht?
Die Bisamratte hat die Welt gemacht.
Ist im Wasser so lange bis ganz
nach unten getaucht und hat Schlamm
auf Schlamm gehäuft, bis er oben aus
dem Wasser herausschaute und
der erste Erdhügel entstanden war.
Und dann ... ?
Nichts und dann.
Aber es muss doch ein dann geben.
Kein dann.
Und das Wasser. Wo ist denn all das
Wasser hergekommen?
Das ist eine andere Geschichte.
Und was hat Bisamratte gemacht
als er mit seinem Erdhügel fertig war?
Bisamratte ist weitergeschwommen.
Aber der Erdhügel. Was war denn
mit dem ...
Ahja.

Mudheads

Bei den Zuñi gibts die Koyemshi, die
Mudheads, das sind Clowns.
Sie sind auch heilige Leute.
Sind aber auch Clowns.
Clownerei ist bei den Zuñi wie
überall tough bussiness.
Die Mudheads mühen sich ab eine
Leiter hochzusteigen.
Der eine versuchts mit den Füßen
voran, einer versucht sie von hinten
zu besteigen, der dritte fällt ständig
zwischen den Sprossen durch, der
vierte verwickelt sich darin.
Kommt eine Kachina vorbei, schüttelt
den Kopf. Ich weiß was besseres, sagt
er, ich werd euch zeigen wie man
Sex macht.
Oh, da meldet sich gleich ne dicke
alte Frau aus dem Publikum, die
schon lange keinen mehr drin
hatte, wie sie sagt.
Gleich hebt sie ihren Rock in die
Höhe und beugt sich vor.
Die Kachina machts ihr doggy style.
Die Mudheads kommen dazu, schauen
zu, sehr interessiert.
Wie die Kachina fertig ist
sind sie an der Reihe.

Aber, au wei, wie solltes schon
sein, sie finden das richtige Loch
nicht. Der eine versuchts im Arsch, der
zweite im Knie, der dritte im Nabel, der
vierte im Ohr.
Hoffnungslos.
Ich gebs auf mit euch, schüttelt die
Kachina den Kopf und geht.
Und die alte Frau lacht und lacht
und lacht ...

Ceremonies

Vom Windway zum Movingupway ...
Die erste Welt war schwarz wie schwarze Wolle
die zweite Welt war blau, blau wie ein Blue Jay
die dritte Welt war gelb, die vierte Welt war weiß
der Letzte, der sich in die vierte Welt zwängte
war der Truthahn von den Gray Mountains ...

Vom Shootingway zum Coyoteway ...
Ich tus, sagte Coyote, ich werde es tun
und er überquerte den Regenbogen
und er stahl die beiden Kinder ...

Vom Redantway zum Nightway ...
Da kamen sie. In der vierten Welt erschienen sie.
Talking God. Water Sprinkler. Blue Body. Black God.
Und Talking God sprach: Unsauber seid ihr,
reinigt euch ...

Vom Bigsnakeway zum Mountaintopway ...
Gut und Böse hat es von Beginn an gegeben
bereits in der ersten Welt hat es sie gegeben.
Sagen die einen. Andere sagen, dass erst Coyote
das Böse gebracht habe. Wieder andere
Black God sei das gewesen ...

Vom Flintway zum Beadway ...
Die fünfte Welt aber, das ist die Welt
in der wir leben, ist rot, denn in ihr
wird viel Blut vergossen werden ...

Vom Stalkingway zum Plumeway ...
Und der Vogel sprach: Was tut ihr hier?
Ihr gehört nicht hierher ...
Vom Wolfway zum Enemymonsterway ...
Und First Woman und die anderen Frauen besorgten
es sich mit Steinen und Federn, Knochen und
Kakteen.
So kamen die Monster in die Welt.
Und sie begannen die Leute umzubringen ...

Vom Encirclingbyfireway zum Blessingway ...
Und Changing Woman wurde gefunden.
Und Changing Woman wuchs heran und
sie gebar die Zwillinge: Monster Slayer und
Born for Water. Ihr Vater aber war die Sonne ...

Vom Bigstarway zum Evilway ...
Und die Zwillinge töteten den Big Yei, Horned
Monster, Rock Monster Eagle, Kicks-off-Rocks
und den Eye-Killer ...

Vom Awlway zum Arroyoway ...
Niemals schau mir in die Augen, sagte
Fledermaus-Frau, schau mich nicht an ...

Vom Earthway zum Beautyway ...
Wenn ihr mich tötet, sagte der Tod, dann wird
es bald keinen Platz mehr geben
für Frohsinn und Heiterkeit ...

Vom Twowentbackway zum Witchway ...
Coyote lacht. Hörst du, wie Coyote lacht?
Er lacht uns aus ...

Sprachverwirrung

Der Mond –
lass ihn hängen
wólízhíí nilchxon
the skunk, it stinks
it stings?
stings?
because my face got sunburned,
it stings
oh, it stings? shichíí
no, no
the skunk, it stinks
stinks
stinks
but the scorpion ...
oh yes, the scorpion
séígo
oh yes, the scorpion stings
very much so
very much
it kills with its sting
maybe, you know
daats´í
you know
yes, I know
yá át ééh

Kennst du ...

Kennst du die Geschichte von
Monsterslayer und der Stoßstange?
Nein.
He, he – ich auch nicht.

Coyote

Es gab da einen Handelsposten, den
betrieb ein weißer Mann
der hat noch jeden Indianer übers
Ohr gehauen.
Kam eines Tages einer zu ihm und sagte
´Hey, weißer Mann, ich kenn einen, der
ist noch cleverer als du´
´Na, lass mal sehen´ sagte der weiße Mann
´wer solls denn sein´
´Da draußen steht er, Coyote ist
sein Name´ und deutete auf eine
zerlumpte, abgerissene Gestalt
´Na´ sagte der weiße Mann ´wollen
mal sehen´, ging raus zu Coyote
und sagte ´Hey, man erzählt mir
dass du so ein richtig cleverer Bursche
bist, der selbst mich übern Tisch ziehen kann´
´Oh´ sagte Coyote ´zu viel der Ehre
und außerdem, ohne meine Trickser-Medizin
läuft da gar nichts´
´Na, dann hol sie doch raus, deine
Trickser-Medizin´
´Geht nicht, die hab ich zu Hause, und
das ist meilenweit weg, aber vielleicht
wenn du mir dein schnellstes Pferd
borgen könntest ... ´
´Okay, all right, sollst du haben´

´Ja´ sagte Coyote ´weißt du, ich bin
ein ziemlich mieser Reiter, dein Pferd wird
mich bestimmt abwerfen, es sei denn
du gibst mir deine Kleider, dann denkt
es vielleicht ich sei du ... ´
´Okay, all right, sollst du haben´ sprach der
weiße Mann, zog sich aus und schob Coyote
seine Klamotten rüber ´Nun reite aber los
und hol deine Trickser-Medizin´
´Okay, all right´ sagte Coyote ´werd ich
machen´ schwang sich auf das Pferd, ritt
davon und ward nicht mehr gesehen ...

4. Abteilung:

Durch die Nacht

Wo ich herkomme

Ich komme von den X-Drive-Mountains
bei uns wird Recht gesprochen
die Gerechtigkeit
ist in der ersten Kehre
kleben geblieben
doch wenn du oben angekommen bist
dann siehst du
den Stern von Untertürkheim
vieltausendmal heller strahlen
als den Bethlehemer
in unserer Verantwortung
vor Gott und den Menschen ...
bekämpfen wir den nächtlichen
Harndrang
mit Baldriparan
sind wir alle
vor dem Gesetz gleich ...
die Apothekenrundschau
lehrt dich das letzte Hemd
auszuziehen und die Hosen
runterlassen
scheiße Gold dem Herrn Doktor
aufs Stethoskop
sonst wird er dich durch seinen
Bruder den Herrn Rechtsanwalt
abmahnen lassen
dann mußt du doppelt Gold
scheißen

bis du Blut schwitzt
und wenn der Sargdeckel sich
schließt
wird zum dritten abkassiert
das ist der Onkel Bestattungsunternehmer
und mit jedem Goldzahn
den er dir zieht
zahlst du für das bischen
Leben
das du hattest
die Freiheit entbindet nicht ...
von dem Tag an
da du zum ersten Mal
Alete gekotzt hast
warst du ein brauchbarer
Konsument
damals
da
hättest du rechtzeitig die Kurve
kratzen können
da wärst du noch
billig weggekommen
aber du musstest ja unbedingt
unüberlegt
zum Legostein greifen zur Barbiepuppe
schon hatten sich die Krakenarme
an dir festgenuckelt
und von der Levi´s bis zur
Waschmaschine mit Trockenschleuder
ists ein harter steiniger Weg

aber den gehst du
ordnen einordnen ausordnen
Geburt Leben Tod
das Nähere regelt ein Bundesgesetz ...
ist ganz einfach
nur wenn man da ist nimmt man
sich wichtig
und wenn man schonmal da ist
denkt man
kann man sich auch noch
ein Handy kaufen einen Fernsehapparat
ein Auto ein Haus
sie haben dich dermaßen voll am Wickel
natürlich
kann dieses Recht durch ein Gesetz
beschränkt werden ...
es gibt immer ein raus
du kannst alles hinschmeißen
doch an irgendwas hängt dein Herz
am Liebsten an der Liebsten am
Heavy Metal Konzert nächste Woche
und immer ist da die Waschmaschine
mit Trockenschleuder
vielleicht könnte eine Aloe-Pflanze aushelfen
aber ich weiß nicht so genau
wahrscheinlicher ist doch
dass du
zum Schluß
in den Sarg steigst
von dem wir vorhin schon sprachen

da wirst du mit Gillette rasiert
nachdem sie dir
den Goldzahn brachen
Amen

Herbst ′77

Schatten sind etwas Wunderbares.
Ohne sie gäbe es keine Melodie.

Es sind die schrecklichsten Stunden
wenn man helfen will
und keiner glaubt, dass man helfen will
wenn man versteht
und nicht verstanden wird.
Grausam ist es
verstoßen zu sein aus dem Paradies.

Hetze kommt auf.
Sehr gefährlich. Das Spiel mit dem Pöbel.
Dem bösen Buben.

Volkswille ist nicht gleich Demokratie.

Denke an Schönes.

Eisiges Schweigen.
′Also?′
′Also gut.′
′Also gut, ich gehe.′

Oh, es ist alles da.
Die Zukunft ist da.
Und das Grauen davor.

Unsere Lehre:
Mit Standfestigkeit und Glaube an
unseren Staat das Ende dieses
Terrors herbeizuführen.

Ein Fernsehbericht. Die Meinung der Leute
von der Straße soll eingeholt werden.
Hasszerfurchte Gesichter vor der Kamera.
„Hinmachen! Alle Hinmachen!"
„Am nächsten Baum aufhängen!"
„Auf der Flucht erschießen!"
„AUF-DER-FLUCHT-ER-SCHIE-ßEN!!"
Bestialisiert.
Grausen.

Dies ist nicht mehr mein Land.
Das sind nicht mehr meine Menschen.

Ich habe keine klammheimliche Freude empfunden.
Nur Schmerz.

Diese jungen Offiziere, die
die Zettel: JUDE
verbrannt, dazu
´die Fahnen hoch, die
Reihen fest geschlossen ...´
gesungen haben
was solls, nur nicht
so zimperlich, du

liebe Güte
man spricht von
strengster Bestrafung, aber bitte:
wozu sind sie denn da, wozu
haben sie diesen Beruf denn
ergriffen – zum töten – ja
ich danke für die Ehrlichkeit
dazu hatten sie noch gesoffen
nein, was solls, unser Heer
hat Tradition
vor fünfzig Jahren war es noch
die Preußische
und heute ist es halt ...
wir wissen schon
ich danke für die Ehrlichkeit

Herbst
rauschen
irgendwas liegt in der Luft

Schmerz
empfinde ich
Deutschland
vergangenes Heute
niemals schlau
nicht groß

Was ist, klingelst
hämmerst an der Tür
nein – heraus komme ich

nicht
niemals

Der Staat reagiert
uferlos
irgendwo
überall
der Mensch ist dabei
der Dolch in der Scheide

Es ist kläglich.
Vor solcher Brutalität zu stehen.

Das Schrecklichste an Schleyers Tod war die
Trauermusik, die sie am Morgen danach
durch den Äther jagten.

Die einen ohne Gefühl wie die anderen.

Malen. Ein Dichter muss malen können.

Und alles ist egal
nicht egal bist du
deine Haut
wie du da liegst
voller Leben
voller Lust auf Leben
ach, du
komm du
mein Leben

mein Haar
du, ja du
steh auf
mit nichts als
deiner Haut
und
vor mir
an mich geschmiegt
ist alles bereit
alles was uns liebt
geliebt

Ich kenn ein Land, in dem schon wieder
die Kanonen sprießen.

Den Schweinen sind wir doch noch überlegen
die Schweine fühl´n sich wohl im Dreck
in dem sie leben.

Der Staat, der seine unartigen Kinder
in ein Blutbad verstrickte.

Die Entführung der Landshut. Die staatlich
subventionierten Suizide von Stammheim.

Das Schlachthaus lebt
gütiger Quell der Magie
Bleichsucht
mein Kind

Sonnenhaar
ein Bild
mit schwarz auf rot
entgleiste Demokratie

die Geist
der Geist
Freiheit
wie sie weint

eine schöne Komödie
alleweil

samtweiche Nächte
auf blutenden Herzkissen
in den Tod getrieben
geschrieben
platt
tot

Tag- und Nachtgleiche

Die Ministerin ist auf Wahlkampf-Tor
die Ministerin hat eine Fehlgeburt
die Ministerin gehört einer Partei an
die sich religiös verpflichtet fühlt
auch die Ministerin fühlt sich verpflichtet

Er hängt ständig im Netz
und lebt von Hartz IV
kann aber auch sein, dass er
im Netz lebt und
an Hartz IV hängt
ist aber Hundekacke

Die Ministerin setzt einen Tag aus
auch telefoniert sie mit dem
Pfarrer ihrer Heimatgemeinde
die Ministerin kommt aus dem Westen
und ist katholisch
über die Fehlgeburt spricht sie mit
ihm nicht
auch mit ihrem Mann spricht sie
nicht darüber
sie spricht überhaupt nicht mehr
mit ihrem Mann

Er spricht auch mit niemandem
wenn er nicht muss

manchmal muss er aufs Amt
manchmal kommt der Gerichtsvollzieher
halt, doch, einen Kumpel
hat er
mit dem spricht er, nur mit dem
Die Ministerin ist ein geiles Miststück
sie ist bekannt für den Verschleiß
an Pressesprechern
alle wissen, tuscheln, ist egal
ihr Großvater war einer aus Adenauers
Klüngel
das zählt immer noch, da ist man zäh
auch sie ist zäh, ihr Arzt sagt: es ist
überstanden
morgen wird sie wieder einen Wahlkampf-
Termin wahrnehmen

Er nimmt nichts wahr
Lebt er, oder ist er noch am Leben?
Er nimmt, was ihm gegeben wird
er spielt den ganzen Tag im Netz
was soll er machen
er spielt die ganze Nacht
manchmal weiß er nicht wann Tag
wann Nacht, wann gegessen, getrunken
schlafen, pissen gehen, er nimmt
und gibt

Die Ministerin gibt sich ganz der
Sache hin

sie ist eine elegante Erscheinung
intelligent, eloquent
es ist ihr nichts anzumerken, der
Arzt hat gesagt es ist gut
sie braucht einen neuen Pressesprecher
Die Ministerin glaubt, dass es
immer besser wird

Er weiß, dass nichts wird. Er
lebt im Goldfischglas
er ist 27 jetzt, da ist keiner, der ihm
das Wasser wechselt
seine Unterhosen modern unterm Bett
Pilze sprießen aus den Wänden
er spielt, er schwimmt auf und ab
noch, wie lange noch? Das ist
keine Frage, das ist eine Antwort

Die Ministerin weiß auf alles eine
Antwort zu geben
sie ist parat, sie ist akkurat, sie
lächelt nett
sie ist bekannt für ihr nettes Lächeln
die Ministerin ist knapp über 30 jetzt
und sie weiß, dass immer alles
noch besser wird
sie hat nicht den mindesten Zweifel
nicht den mindesten

Er – hat ein neues Spiel entdeckt

Sie – will den verlorenen Wahlkreis zurück
Er – wird sich die Nacht um die Ohren
    schlagen mit dem neuen Spiel
Sie – mit dem neuen Pressesprecher
    Tauglichkeitsprüfung
Er – hat keine Träume mehr
Sie – hat keine Zeit zum Träumen
Er – spielt
Sie – auch
Er – putzt sich niemals mehr die Zähne
Sie – hat ihn leergefickt, nein, der
    taugt nicht zum Pressesprecher
Er – wird sich ne Pulle Whisky gönnen
Sie – wird eine schwungvolle Rede halten

Die Endlösung

Das ist natürlich etwas für
hirnverbrannte Idioten.
Wie soll man ausdrücken die
Wut eines Koffers.
Tobender Volksausbruch.
Gesteuert – gelenkt –
rasende Teutonen.
Zu sein was man ist.
Treblinka. Auschwitz. Henkersknecht.
Immer. Stallgeruch. Barbarischer
Teufelsmoorgestank.
Eine wohltönende Beethovennsonate
im Bratensoßengesicht.
Kartoffelklöße. Backenblähen.
Goebbels tritt Goethe in den Arsch.
Mit Stumpf und Stiel und
Tiger und ME-109.
Seitdem sind wir natürlich
unschuldig.
Leider bin ich zu spät geboren.
Sonst hätte ich mitmetzeln dürfen.
Nun mag ich nicht mehr. Ätsch!
Mag eure Phrasen nicht nach
Sarajewo, Kiew ... Moskau tragen.
Arbeitslager und Vergasen
sind noch immer geflügelte Worte
in diesem Land.
Es spukt nicht nur, es spuckt.

Kotzt sich weiter aus
dieses Volk.
Rotzt sich weiter aus
dieses Volk.
Ekelhaft.
Die Endlösung.
Goebbels hat Goethe in den Arsch getreten.

Sturmbanner voran

sturmbanner voran
stimme des blutes
marschiere auf der strasse
das ist unser land
schwarz weiss rot
schwarzer widerstand
fackel brenne
kameraden bleibt stark
bald gehts ab
brenne fackel
eine generation dreht sich
ah! ein Türke! hä!
unsere fäuste sind aus stahl
unsere hämmer auf eure köpfe
hey kanake
meine freiheit springt dir
ins gesicht
es naht die zeit
wir schlagen dir
die fresse ein
wir werden unsere ketten brechen
schwarzes land
schwarzer widerstand
fackel brenne
aufmarsch
blitzkrieg
na logisch sind wir voll
ist doch ehrensache

alles gute kameraden
die herrenrasse
du kanake
kapierst dus
immer noch nicht
unsere zeit wird kommen
es naht die zeit
der sieg wird unser sein
zum glück ist Hitler tot
sonst wäre immer noch
ein ausländer an der macht
wir sind dran
unser land
frei
sozial
national
eine generation dreht sich
wem gehört die ehre
Deutschland
eine liebe
für immer
mein land
donnerhall

Neueste Nachrichten von der Werwolfplage in Hamburg

Es ist Vollmond
da sind die Werwölfe unterwegs
wenn du jetzt an die Alster gehst
hast du echt schlechte Karten
die sind stinksauer
weil
welcher Werwolf will schon Werwolf sein
ich kenne keinen
der will
die ich kenne
wollen alle nicht
aber müssen tun sie
brauchen Blut, frisches Fleisch
Schwäne, Enten, Gänse
wird alles mitgenommen
und du auch
wenn du jetzt an die Alster gehst
wirst du ein unerledigter Fall
in der Polizeistatistik
meist Vermisstenanzeige
bleibt nicht viel übrig von dir
sind ganz schön clever, die Werwölfe
schleppen alles weg
da bist du gewesen
da warst du mal
am nächsten Morgen sind sie
pappsatt

erzählen mir die, die ich kenne
viele sind auch in
Billstedt unterwegs
Mümmelmanns Berge und so
da hält sich jede Gang
ihren Werwolf oder zwei
da ist was los wenn
Vollmond ist, da ist
das richtige Schlachten
lässt sich kein Bulle blicken weit
und breit, da werden die
Toten nicht gezählt, lohnt
nicht, auch von den Werwölfen
müssen zig dran glauben, ist
ja klar, trotzdem werden es
mehr, immer mehr jedes Jahr
weiß keiner warum, der
Bürgermeister winkt ab, will keine
Hexenverfolgung aufkommen lassen, das
ist die offizielle Linie, inoffiziell
haben sich Bürgerwehren gebildet
Schutzstaffeln, man erwägt bereits eine
Abordnung nach Rio zu entsenden, den
Schill heimzuholen, Ordnung
zu schaffen, eine Mauer um
Billstedt zu errichten, zum wenigsten
einen Zaun, unseren Nachbarn
haben sie den Schäferhund erschossen
große Hunde sind sowieso rar
geworden in letzter Zeit, jeder

belauert jeden, demnächst wollen
sie den Verdächtigen die Haut von
innen nach außen ziehen, so hat
mans im Mittelalter gemacht, hat
ein ganz Schlauer herausgefunden
auf diese Weise wären sie zu überführen
ganz ernsthaft, steht im Protokoll der
Bürgerschaft, das schlägt einem ganz schön
aufs Gemüt, wenn wieder Vollmond ist
steig ich aufs Dach und fliege heim
Nach Transsylvanien

Ich ging heut auf den Markt

Ich ging heut auf den Markt. Überall lagen noch Leichenteile vom letzten Kettensägen-Massaker rum. Ist doch unappetitlich. Da stand ein Bulle am Eck und hielt Maulaffen feil. Ich schnauzte ihn an: Was soll die Sauerei? Er fing gleich an zu flennen, das Weichei. Die Stadtreinigung wär noch mit der dreifachen Bombenexplosion im Rathaus beschäftigt. Das war mir neu. Was denn? Naja, den Bürgermeister hätts zerrissen. Nicht schade drum. Trotzdem. Ich trat grad auf ein paar abgetrennten Fingern rum, trübe Pampe. Ekelhaft. Äpfel, Birnen und Bananen. Und ein kleiner Kinderkopf dazwischen, die Augen ausgestochen. Nee, das ist doch wohl das Letzte. Schweinerei, brüllte ich, zückte mein Sturmgewehr. Das machste jetzt aber alles pikobello, kapiert, fuhr ich den Bullen an. Da machte der sich gleich an die Arbeit. Wär ja auch noch schöner. Wofür bezahlt man die Saubande?

Hosianna!

Unterm Brandenburger Tor blökt viel Volk heute Nacht wie es rundumher blökt und an manchen Tagen noch mehr du tust dir keinen Gefallen wenn du dir das gefallen lässt lass sie nicht in deinen Kopf einblöken am Ende der Zeit steht der Anfang und sagt Endstation bitte benutzen sie den Bahnsteig gegenüber aber treten sie nicht von der Bahnsteigkante das wars dann also noch nicht nein das wars noch nicht es geht weiter es geht immer weiter das hört nie auf wir wollen das gute alte Europa zusammenbrechen sehen nochmal und nochmal und nochmal wir wollen das so lange treiben bis sie in England den letzten König oder die letzte Königin am Laternenpfahl aufgeknüpft haben das wollen wir uns nicht entgehen lassen den safttreibenden Ultrakick den versammelten Voyeuren Paparazzi Hofberichterstattern wollen wirs ihnen gönnen die werden sich dann Objekte neuer Begierden suchen müssen daran wird kein Mangel bestehen es wird immer ein Oben und Unten geben solange bis wir Gott vom Thron geschüttelt haben das kann dauern also lasst uns mal an der Himmelsleiter kippeln nur so aus Spaß wir wollen doch nur Spaß immer nur Spaß Spaß Spaß mehr Spaß bunten Spaß in Dreideh und das Glöcklein klingelt das Banner der jungfräulichen Entjungferung Hosianna wir sind durchgedrungen durchdrungen eingedrungen eingeknetet zugelötet

quietschegelbe Quietscheentchen Spaß Spaß Spaß
fick dich ins Knie du Penner aus dem Weg ihr
Erniedrigten und Beleidigten der Mufti lässt
steinigen die hübschen Mädchen und der Mullah
lässt Hände abhacken den Hungernden dem
Ayatollah schäumt das Maul beleidigte Leberwürste
macht die Tore auf Hosianna Madonna und der Papst
auf dem Petersplatz zelebrieren die unbefleckte
Empfängnis Heil Hitler Herr Gauleiter rummms in
die Rumpelkammer pardon die Pumpelkammer die
Kröten-schluckmaschine dreimal kräht Charles
Darwin noch dann ist er erloschen Fliegenschiss hast
du jemals Fliegenschiss gesehen ich nicht
unsichtbare Scheiße der Papst rammelt sich einen ab
alle Achtung in dem Alter also sprach Zarathustra
ich mach dich jetzt zum Übermenschen versuchs
mal auf Madonna jeah jeah jeah die Kerze hat sich
von selbst entzündet das Volk jubiliert alle Engelein
subito santo subito santo wer? wer? wer? Madonna
oh Madonna ich will Spaß Spaß Spaß auch Charles
Darwin flammt wieder auf auch der darf wieder
mitspielen nichts da ab in die Quetschkommode
Haps Haps Haps das mundet das ist wie
argentinisches Rinderfilet da kann man gar nicht
mehr müde werden es muss weitergehen es darf
weitergehen es hört nicht auf neinneinnein
Flugzeuge stürzen sich in den Eifelturm Big Ben die
Sagrada Familia den Kreml au Scheiße nun ist auch
der Lenin noch futsch ich sagte der Übermensch du
sagte ich und bekam einen Stromstoß da hielt ich

lieber das Maul aber schreiben kann ich noch das tu
ich bis zum Abwinken ganz von alleine sind die
Flugzeuge da eingeschwebt das Maschinenzeitalter
machts möglich majestätisch gleitend rummms ...
pardauts tut mir leid pardon ist mir so rausgerutscht
reingerutscht eingeflötet ich selbst kann immer noch
lachen lach doch du Fliesenleger lach doch einfach
mal sie liegen sich in den Armen in der Rue *Aumont
Thieville* warum? das wollt ihr wohl wissen ich
weiß es das Handtuch ist klatschnass ich verlange
dass Madonna öffentlich ausgepeitscht wird
Madonna verlangt danach geifer sabber seiber Herr
Präsident gibt sich die Ehre der Untergang des
Abendlandes die wievielte Auflage sagten sie? oh
das ist aber doch ganz gewaltig wir können das
toppen aber mit Spaß Spaß Spaß quietschegelb in
Dreideh hab ich ihnen auf den Fuß getreten Herr
Präsident? plumpe Anmache? führt ihn ab schmeißt
ihn sofort ... selbstverständlich Herr
Generalfeldmarschall sofort wird prompt erledigt die
ganze Prozession aufs Schiff den Rhein hoch jawoll
von Rhöndorf bis Köln am Dom Endstation Freiheit!
ruft die Menge Freiheit für die Drei Könige! Jawoll
raus mit ihnen in die Freiheit quietschegelb und mit
viel Spaß Spaß Spaß der muss schon dabei sein das
ist doch wohl klar ohne den gibts keine Dollars Yens
Yuans wie sägt man einen Euro durch oder kommt
man mit dem Hämmerlein Hämmerlein klipp klipp
klapp ruuuums ... macht die Säge anders als die
Flugzeuge die haben rummms ... gemacht Scheiße

nun hats auch den Kölner Dom erwischt gut dass wir
mit den Königen schon durchgebrannt waren das
kleine Reliquiarbrevier Kuddelnsuppe kann ich
ihnen empfehlen wir sind völlig durchdrungen
Kuddeln und Gekröse Hundsfott elendiger das hab
ich jetzt aber überhört lasst uns nach Amsterdam
fahren ein Pfeifchen durchziehen ah verstehe kein
Gold hättet ihr mitgebracht Weihrauch Myrrhe und
Aschisch nein das ist die neue Madonna die gefällt
euch besser ja? ihr dürft auch alle mal die Peitsche
schwingen den Schwengel der Papst ist seiner
Prostata erlegen der russische Präsident hat den
amerikanischen Präsidenten erlegt der alte
Großwildjäger nach China darf er jetzt nicht mehr
einreisen ja die geben sich alle die Kante kann ich
gut verstehen die Drei Könige beschließen die
Überreste von Lenin in ihren Kreis aufzunehmen
eine großzügige Geste finde ich ganz toll sag ich
ihnen auch dafür darf ich einen ganz tiefen Zug aus
ihrem Pfeifchen nehmen ich fühl mich sauwohl bei
den Jungs jetzt sind es vier lach doch drüber lach
über dich über Leichenberge über Weiberzwerge
Lachen Spaß haben Spaß Spaß Spaß die Blöker vom
Brandenburger Tor rummms ... auch das stürzt in
sich zusammen aber das bauen wir wieder auf sagt
die Kanzlerin bau auf bau auf singt sie gelernt ist
gelernt die Drei Könige nein Vier sind es ja jetzt die
viereinigen Gebeine klatschen begeistert Applaus
Applaus Spaß Spaß Spaß klapper klapper nur du
Europa wirst für immer meine Liebste sein meine

kleine Liebste geliebteste Gespielin scheiß auf
Madonna hier gibts an jeder Ecke ein schöneres
Kind ein geileres Kind mit dem man Spaß haben
kann viel viel Spaß Spaß Spaß Spaß anschließend
beten wir den Rosenkranz herunter und singen die
Internationale ja das ist jetzt neu ach ich bin so
glücklich ich könnt mich in der Erdbeermilch
ersaufen und die Flugzeuge starten immer noch
rummms ... jetzt hat auch die Kaaba das Handtuch
geworfen und rummms ... hat es auch das Pentagon
erwischt und das Weiße Haus wir bauen es wieder
auf sagt der Vizepräsident des ehemaligen
Vizepräsidenten der zwischenzeitlich Präsident
geworden war ach was ist die Zeit doch schnellebig
in der wir leben leben wir? leben wir noch? voll das
Leben volles Rohr volle Kanne voll voran ins
diesseitige Abenteuer vergesst die Himmelsleiter
nicht scheiß auf Washington scheiß auf die Kaaba
bepiss dich Paris Berlin ist nur noch einen Furz wert
jetzt wo wir den ganzen Kladderadatsch los sind
gehts erst richtig los jetzt sind die Paradiese dran
und dann die Höllen und dann und dann und dann ...
denn die Drei Könige nein die Vier vier sind es ja
jetzt die sind nicht mehr aufzuhalten nie nicht von
niemandem Rosenkranz und Internationale eine neue
Zeit ist angebrochen wir alle wissen das so long
Marianne its time to give a new tune to you unterm
Brombeermond Kreuzschnäbelchen Zaunkönig
König König wo sind sie denn abgeblieben die Vier
Könige werden doch nicht das Weite gesucht haben

doch doch die sind über alle Berge verlassen wie die
Zwerge ihnen nach ich brauch nen Zug aus der
Pfeife könnt ihr doch nicht machen ihr Lackaffen ihr
Knochengestelle kommt ihr Propellerchen ihr
Düsenklipperchen fliegt nochmal so schön
rummms … oder lasst es bleiben Madonna liegt
verblutend an den olivenbestandenen Hängen des
Parnassos selige Genien so viel gereift es ist so viel
Vernunft in der Welt man möcht es nicht begreifen
dort sind sie ihnen nach die Pfeife einen Zug aus der
Pfeife mehr will ich jetzt nicht mehr und für alle
Zeiten nicht ich schluchze ganz entspannt ein semi-
belustigtes Janeee und Hosianna rufe ich dann noch
hab ich schon Hosianna gerufen?

Das ist unsere Welt
(nur eine Momentaufnahme)

Fieberhaft werden Geld und
Schmerz ausgebrütet
das ist unsere Welt
so liebt es unsere Welt
wer gemein ist und brutal
wer kein Gefühl hat für
seinen Nächsten
dem wird Größe nachgesagt
dem eifere nach, mein Kind
werde so wie der
ein echter Selfmademan
was der kann
können wir alle
über Leichen gehen
so macht man sichs leicht
ist keine große Mühe
steht ein Berg im Weg
spreng ihn weg
deine Pflicht ist es Blut
Schweiß und Tränen
vergießen zu lassen
sonst musst du sie selber
vergießen
das willst du doch nicht, also
lade das Gift
vor den Küsten Afrikas
ab, das verspricht einen

guten Profit
bete zu deinen Göttern
im Tempel, deine
Seele ist keinen Cent
wert, also sieh zu
dass du sie rechtzeitig
versilberst, vergoldest, und
abstößt zur rechten Zeit
lass die anderen zahlen
wärm dich an ihrem Feuer
siehst du den kleinen Stern
da oben
der ist schon gestorben

Die Taube

die taube hat nur noch einen fuß
und auch der ist ein klumpfuß
keine krallen mehr
die taube wohnt auf dem
Hauptbahnhof
der bahnsteig zwischen den
gleisen 3 und 4 ist ihre heimat
der boden ist vollgerotzt
und zugeschissen
auf der treppe sitzt eine pennerin
zusammengekauert
den kopf gesenkt, vor sich
einen haufen papier, den
hat sie angezündet
wir gehen vorbei
ob sie sich nur
die hände wärmen möchte
oder verbrennen ganz und gar
das interessiert hier keinen, außer
der taube vielleicht, der
ist die pennerin nahrungskonkurrentin
ein junger typ, dem das gel in die
ohren tropft, quatscht zwei
mädels an, die sind schlau
lassen ihre augen
zu engen schlitzen werden
– hör nicht auf den –
ein punk rempelt alle an

die an der bahnsteigkante stehen
- der will es wissen –
eine kleinfamilie spricht mich an
die wollen zur Reeperbahn
denen kann geholfen werden
ich zeig ihnen den weg ins
verderben, das töchterlein
streut der taube was von ihrem
franzbrötchen hin, das finde ich
in ordnung, die pennerin röstet
sich die hände, die
reinigungsleute von der DB
kehren um sie rum
die treppe rauf
das papier qualmt
die taube gurrt, humpelt
ein paar schritte, dann
fliegt sie auf
der zug fährt ein
alles wie gehabt

Die Wilde 13

_____ die 13 _____
ist Wilhelmsburg _____
fährt quer über die Insel
und weil ich nicht von der Insel bin
ist es wie Insel
sein _____ für mich _____
ich meine _____ schwer exotisch
mein Freund Muhammed
kuckt mir über die Schulter
die eine
über die andere
mein Freund Heinz
Muhammed ist von der Veddel
Heinz von Rothenburgsort
die traun mir nicht über den Weg
ich wohne hier nicht
ich arbeite hier nur
ich gehör nicht dazu
_____ wir reiten die 13 _____
_____ trotzdem reiten wir die 13
gemeinsam
morgens ist sie gerappelt voll
mit Gören
am frühen Nachmittag auch
dazwischen weiß ich nix
ich versteh kein Arabisch

und Türkisch auch nicht
und die Sprache der Jugend
kommt mir auch schon abhanden
obwohl _____
da sitzen zwei Mädels
12 sind sie _____ na _____ 13
vielleicht
kommt eine dritte dazugestiegen
- hey, du Schlampe, wo willst du denn hin? -
wird sie begrüßt
das versteh ich schon
oder? _____ irgendwie _____
Bahnhof Wilhelmsburg
steigen sie aus
teilen sich zwei Stöpsel zu dritt
lachen _____ quietschen _____ sind
vergnügt _____
du Schlampe _____ ich fass
es immer noch nicht
Legoland _____ der Inselpark
- nur für die Reichen -
sagt einer
und zückt die Spraydose
erstmal nur in Gedanken _____
die Veringstrasse _____ die Fährstrasse
_____ das könnte Accra hier sein
oder Izmir _____ ist aber
viel cooler

weil alles zusammen
ist Williamsburg
original
nur hier geht das beides
das _____ und Don Matteo _____
echt geil
dann sind wir am Deich
ist halt doch ne Insel

---

ewig und drei Tage Deich

---

und Autohändler auf der anderen Seite
Gebrauchtwagen noch und nöcher
- ich Donalds - du mit -
hör ich so nen Bubi zu
nem andern sagen
- hä!!! -
_____ das versteht eigentlich jeder
gibt aber keinen Mäcdoof auf der Veddel
_____ gehen wir nen Döner essen
Kirchdorf Süd habe ich vergessen
_____ beiße in meinen Döner _____
Kirchdorf Süd - 14 Stockwerke mit den
idyllischen Nordbalkons -
- das kannst du aber auch vergessen -
sagt mein Freund Heinz
-nur Bunnytown ist noch schlimmer -
_____ was Bunnytown ist? _____

nee _____ das erklär ich jetzt nicht
_____ beiße in meinen Döner _____
- und wo ist der Dioxinberg? -
frage ich
- dort drüben - deutet Muhammed
- Georgswerder - ergänzt Heinz
- aber den haben sie jetzt in Energieberg
umgetauft -
- Ha! - sage ich
- aber das Dioxin ist immer noch drin -
(nur ne halbe Frage)
- na sicher doch - kommts von beiden
Na klar!
- aber der Zaun ist weg -
sagt Muhammed
ja
der Zaun ist weg

aber das braucht die 13 nicht zu kümmern

nicht jetzt

und mich auch nicht

mehr _____ weil _____
_____ ich ess jetzt meinen Döner ____

Für E., die nicht mehr ist

Ich hab sie schon gekannt, wie sie ihre große Zeit hatte. Da war sie mit einem der xxx-Brüder zusammen. Da war sie jung und schön. Ihr Haar war dicht und blond. Sie trug kurze bunte Kleidchen. Und da waren die großen Partys, und Luxus, und Urlaub auf den Seychellen. Und wir sind durch die Clubs gezogen, wenn was war bei ihr, wenns nicht mehr ging, wenn sie raus musste. Aus sich, aus ihrem Körper. Tanzen. Also tanzten wir. Und haben Cocktails in uns reingeschüttet. Aber mit den xxx ging es dann bergab. Oder der xxx hatte keinen Bock mehr auf sie, weil er was Neues brauchte. Oder beides. Da hat sie sich dann richtig verkaufen müssen. Das ging ganz gut. Sie war immer noch jung und schön. Aber es war Scheiße. Und wir sind immer öfter tanzen gegangen. Und haben Cocktails in uns reingeschüttet. Und dann wars der Premium-Puff nicht mehr, dann gings ne Nummer tiefer. Und sie stand bei mir vor der Tür und heulte. Und wir sind gleich saufen gegangen. Und sie heulte. Und wir soffen. Dann hat sie versucht sich das Leben zu nehmen. Davon wusste ich nicht. Sie war ein halbes Jahr weg. In der Psychiatrie. Dann stand sie wieder vor der Tür und heulte. Ihr blondes Haar war jetzt schwarz gefärbt. Sie trug ein langes schwarzes Kleid. Und wir sind gleich saufen gegangen. Und sie erzählte mir, dass die Sterne gut stehen. Und die Karten hätten ihr das auch gesagt. Und die Runen.

So sind wir saufen gegangen. Dann zog sie mit den Hells Angels rum. Und dann hat sie mit einem von den Hells Angels im Bett gelegen. Und dann ist einer von den Bandidos gekommen und hat den Hells Angel abgestochen und ihr einen Finger abgeschnitten. Dann ist sie wieder in der Psychiatrie gelandet. Dann stand sie wieder vor der Tür. Das Haar schwarz. Das Kleid. Sie hat nicht geheult. Wir sind losgezogen. Sie erzählte von den Kerlen mit denen sie schlief. Welche von den Hells Angels. Ausgemusterte. Oder die hätten dazugehören wollen. Alte Säcke. Sie schimpfte nicht. Sie fand sie nicht Scheiße. Nein. Wir gingen trinken. Sie erzählte. Von Weizenfeldern. Von Kirchen mit Zwiebeltürmen. Von den Pferdchen vor den Wagen gespannt. Sie hatte Tattoos bis da wo der Finger fehlte. Die kleine Wohnung. Wo der Hund war. Der alles vollschiss wenn sie weg war. Sie war immer weg. Sie weinte. Wir haben uns quer durch gesoffen. Zum Schluss wollte sie nicht, dass ich sie weiter begleite. Sie würde in den Puff fahren, um sich auszuschlafen. 37 war sie da. Zuletzt. Jetzt ist sie tot. Von der Brücke gesprungen.

Mit Dämonen leben

Ein Dämon betritt das U-Bahn-Abteil
ich spüre ihn
sonst niemand scheint mir
ich sehe ihn
sonst niemand scheint mir
ich sehe ihn
er sieht mich
er grinst
und setzt sich zu mir hin
ich nenne meinen Namen
er nennt seinen Namen nicht
ich nenne ihn den Quer-durchs-Land
es ist gut seinen Namen zu kennen
es ist genau so gut ihm einen Namen zu geben
er weiß das
wir wissen uns
ein Dämon ist weniger gefährlich als
manche glauben
glauben meinen zu müssen
ein Dämon ist weniger gefährlich als ein Mensch
ein Dämon ist unbelehrbar
niemals wird er einem falschen Propheten folgen
wenn du seinen Namen kennst
oder ihn nennst
man muss nur mit dem Ungewissen
rechnen
oder mit dem Unabdingbaren
wenn ich jetzt aufspringe und ein Lied singe

oder dem neunzigjährigen Mütterchen um den Hals
falle
muss ich mich nicht wundern
das geschieht
dafür
dass
denn
warum
sollte ich mich verschlingen lassen von irgendetwas
oder wem
der die oder das
gleich mir oder geringer ist als ich
so
habe ich gelernt mit ihnen zu sein sie zu sehen
mich ihnen zu nähern
der richtige Umgang
für einen Nichtsnutz der nichtsnutziges
Zeug schreibt
ich singe ´Gracias a la Vida´
der Dämon grinst
dann gehe ich rum und halte die Hand auf
ich habe ihn eindeutig unterschätzt
wie ich die Runde um habe ist er weg
aber meine Stunde kommt
nun
da ich seinen Namen kenne
den Quer-durchs-Land
wo ich ihn zu benennen weiß
meine Stunde wird kommen
da rufe ich dich

5 Uhr, das ist
nicht das fröhliche Erwachen
mit Rama
oder Nutella (mein
bac, dein bac)
irgendson Kram, heiter-hübsch
lachende Gesichter, schon gar nicht
Sonnenschein, schon gar nicht in
Deutschland, wo selbst
der Sommer winterlich, aber das
wissen wir schon lange, so ein Hohn
klammkalt, die Fenster beschlägen, dösig
die Nacht zu vergessen suchen, Träume von
finsteren Riesen, die mich
verfolgten, Kaffee runtergewürgt
ein Toast (aber
keine Rama, keine Nutella)
widerwillig dem Körper auf-
gezwungen, das ist
5 Uhr, nein, halb 6
das sind müde Gesichter in der U-Bahn
das ist klar, das ist
wohl kaum der Erwähnung wert, der
nächste Kaffee vor Arbeitsbeginn
das ist
jeder Tag

Wir

Wir sind das schleichende Verlangen
das schillernde Verhängnis, die offene
Wunde im öffentlichen Park, im Knast
auf dem Bahnhofsklo, in der Klapsmühle
im Heim, das abgewürgte Wrack im
Berufsverkehr, wir sind verachtet
verspottet, belächelt, totgeschwiegen
planungswidrige Missgestalten, Kretins
und Beatniks, Hippies, Junkies, Spontis
Unregelmäßigkeiten, zu früh geboren oder
zu spät, wir sind im Nichts dazwischen
und werden es bleiben bis uns die
Haare ausfallen und Pinsel aus den
Ohren wachsen, krächzende alte
Klappergestelle, aber wir werden da sein
wir werden die Kreuzung lahmlegen im
Berufsverkehr, wir werden euch das
Morgenrot so prächtig in den Arsch schieben
dass euch Eiskristalle aus den Augen schießen
wir lassen das Unkraut wachsen zwischen
den Gehwegplatten und den Bärenklau
an den Bahndammrändern, und wenn wir
Blut spucken müssen dann wird es das
Blut des Aufruhrs sein, des großen Aufstandes
der Revolte, undichte Schlagadern, rachitische
Zwischenknochen, Schrotthaufen, unvollendet
Halluzinierende, zerbröseltes Rattengift
Elefantenpisse, Monstranzen im Jauchebecken

aber wir sind da und wir werden bleiben und
wir sind unsterblicher als irgendwer es sich
irgendwie vorstellen kann, wir sind die
Heimsuchung schlichter Gemüter, der Alptraum
pubertierender Töchter, wir lüften uns niemals
aus und lüpfen jeden Schleier in die Höh
wir sind übel und gefährlich und verdächtig
und verächtlich, wir grinsen blöd und schief
und irgendwann auch ohne Zähne, aber wir
grinsen und hören niemals auf damit, wir grinsen
bis euch die Schwarte kracht, wir sind die
Schweinsborste in der Suppe, die glimmende
Tannennadel am Weihnachtsbaum, wir im Nichts
dazwischen ewiglich unvergleichbar
penetrant unvergänglich unausrottbar

Auf der Bank in der Bank

niemals gedacht niemals gelacht
ein leerer rücken
ein stuhlrücken
eine frau läßt ihre sonnenbrille
fallen
künstliche lederjacke mit
künstlichem fellimitatskragen
haare blond
künstlich
ja
eindeutig
sieht aber nicht schlecht um
nicht zu sagen
gut erhalten aus immer noch
brauchbar
die alte frau
nicht
die hinter ihr in der reihe
steht
die nicht
wir wollen aber nicht
ungerecht sein
sie hatte ihre zeit
möchte ich ihr wünschen
niemals gedacht niemals gelacht
so viele menschen
alle ein teil von mir
warum müssen alte frauen sich

nur so unvorteilhaft kleiden
entweder das oder uniform
uniformistisch vorstadtschickeria
schick der alten schule
kann mir eigentlich egal sein
die im minirock mit den
strammen schenkeln
bietet ausgleich genug
kann man sich fast dran
sattsehen aber
natürlich nur fast weil
sattsehen geht gar nicht es
braucht die tat die
handhabung dazu
niemals gedacht niemals gelacht
die schlange schlangt sich
an mir vorbei die
im minirock noch im blick
schönes langes dunkelblondes haar
niemals hätte ich gedacht daß
ich heute in dieser bankfiliale
sitzen würde um auf jemanden zu
warten aber die bank sah
einladend aus die
kleine rote bank ´Meine Bank´
stand darauf neben mir sitzt
eine große stoffmaus mehr als sie
ich und mein rucksack finden
nicht platz darauf
es ist fast zum lachen also

kaum gedacht schon gelacht
banken sind immer zum lachen
geldinstitute
wie viele alte omas es gibt
ein junger kerl stellt
sich in die reihe auf seinem
roten t-shirt steht ´Saftladen´ nein
es ist kein stummer protest
weder
gegen die bank in
noch
die bank auf
der ich sitze
nee
der arbeitet im saftladen ist
gekommen die einnahmen
einzuzahlen so viele
alte frauen
na ja
vormittags halb elf
die im minirock ist
meinen blicken entschwunden
jammerschade
fast schon wieder nicht mehr
zum lachen jetzt
kommt auch noch eine mit
rolator alles gute tschüß
wird zeit daß
meine verabredung kommt
sonst vernasch ich noch die maus

noch eine mit rolator hilfe
´Emotionen sind das schönste Geschenk´
steht auf einem plakat
was hat
das denn hier zu suchen
gehört nicht zur bank gehört
sich nicht für eine bank
emotionen ...
wo kämen wir denn da hin ...
auf die bank neben die maus
ein boxerrüde wedelt
mit schwanz und pimmel
was macht den denn so an?
den typen im elektrowägelchen
der jetzt dazugefahren kommt
wird er wohl nicht meinen
die welt ist bunt und
altersschwach
immer denken immer lachen
mir ist nicht nach lachen zumute
die maus gefällt mir nicht die
hat so komische stoffbeißerchen
aqui ... complicar ... para mi ...
wenigstens mal etwas sprachliche
abwechslung meine güte
diese alten vorstadtmiezen
und sieht
fast alles teuer aus was die da
tragen
nur kein neid

na
ach was
meine schwarze kluft
machts auch noch ne weile
und meine verabredung beginne ich
langsam
auf den mond zu wünschen
oder in die tiefgarage
die kann aber nichts dafür
die tiefgarage nicht
und nicht meine verabredung
niemals gedacht niemals gelacht
meine verabredung kommt
au klasse fein salü
tschüß maus

Unterwegs

Zwei Zitronenfalter im torkelnden Liebesflug
schwingen sich auf, hoch und höher
schwindsüchtige Sonnenanbeter
hinauf, hoch und höher, dorthin
wo die Mehlschwalben auf sie warten
die Sonne kreischt vor Vergnügen
eine dicke graue Regenwolke schiebt sich dazu
was für ein Gemetzel
die Golfspieler spannen ihre Regenschirme auf
alles artig austrainierte Körper
verstohlen blicke ich auf meinen Wanst
zu viel Wein und noch mehr Schokolade
pfui Deibel wie er sich unter meinem
T-Shirt bläht, ehedem schwarz, nunmehr
schwarz ausgeblichen, ausgeblichen auch
der Anarcho-Spruch aus alten Tagen,
das Ding ist sicher um die 25 Jahre alt
außerdem hat es eins, zwo, drei Löcher
aber für 25 Jahre ist das nix
ein Zitronenfalterflügel flattert vorbei
kann aber auch ein ausgeblichenes
Birkenblatt gewesen sein
das Gemetzel ist beendet
nach dem Gemetzel ist vor dem Gemetzel
in Somalia verhungern die Leute
die Warlords schnappen sich
die Nahrungslieferungen der UN
verscherbeln das Zeug, kaufen sich

neue Waffen dafür oder lassen sich
ein Hochhaus in Nairobi bauen
Rendite ist alles
gibt sowieso zu viel Menschen
man muss das doch nüchtern betrachten
1 Warlord = 100.000 verhungerte Kinder
Spendet! Spendet! Spendet für die Warlords
die Regenwolke haut alles runter was sie hat
die Golfspieler unter ihren Schirmen
bleiben gelassen
die Schirme sind riesig!
ich krame meine Regenjacke aus dem Rucksack
gerade rechtzeitig, jetzt pladdert es so richtig los
eine völlig durchgeweichte Krähe krächzt mich
empört aus ihrem Baumwinkel an.
Ich kann nichts dafür!

Lehmann. Literatur und Schalke
(ein Fragment für die Ewigkeit)

Ich bin Lehmann. Ich erzähle.
Ich bin ich.
Geboren in Gelsenkirchen.
Genauer: auf Schalke.
Also: von höchstem Adel.
Wer trinkt trinkt. Wer nicht – auch.
Da fühlt man, dass man ist.
Das erste woran er sich erinnert
war ein Tor von Erwin Kremers.
Da muss er so drei, vier gewesen sein.
Nicht älter. Und schon auffem Platz.
Der machten rein, hat er seinem Alten zugekräht.
Und er hat ihn reingemacht, der Erwin Kremers.
Damit ist er groß geworden. Da hat
sein Alter mit angegeben von einer Bude
zur anderen auf Schalke. Der
machten rein ...
So macht man Legenden.
Kuzorra – Libuda – Lehmann.
Libuda. Den muss er auch noch gesehen
haben. Wo er so früh auffem Platz war.
Gibts aber keine Erinnerung.
Aber Libuda – natürlich – Libuda
war Legende.
Keiner kommt an Gott vorbei.
Außer Stan Libuda.

War in den 60ern oder was. Da hat
sone Bibelgesellschaft Plakate geklebt:
Keiner kommt an Gott vorbei.
Ham se getextet.
Und die Fans ham fett druntergeschrieben:
Außer Stan Libuda.
So war dat. Schalke.
Der, wonach der Libuda benannt war, der
Stan Matthews (links antäuschen, rechts
vorbei), das war auch sone Marke.
Sein letztes Spiel (und in der 1sten englischen
Division!) hat er gemacht, da war er gerade
50 geworden. Und hat die Flanke zum
entscheidenden Tor geschlagen.
Danach haben sie ihn auf Schultern
vom Platz getragen.
Hätte auch gut auf Schalke gepaßt.
Und dann hätte er auch gekräht:
Der machten rein.

Bringen wir die Sache gleich auf
den Punkt.
Es geht nicht nur um Fußball.
Es geht auch um Literatur.
Wie das klingt, wa? Aus Schalker
Mund.
Denkste nicht – haste trotzdem.
Kommt immer unverhofft.
Kommt.
War schlappe 20 Jahre später.

Da war er also so 23, 24
(und immer noch Legende).
Das war das Literarische Quartett.
Gab wohl nix anderes in der Glotze.
Oder er ist da hängengeblieben.
Wie das so ist.
Der unsägliche Karasek und die
liebliche Frau Löffler
mäkelten an Dostojewskijs ´Schuld
und Sühne´ rum.
Karasek – der Mensch sollte auf Knien
vor mir rumrutschen (schrecklicher
Gedanke) mit seinem Dinos sammelnden
Sohn (das arme altkluge Bürschchen).
Weiß nicht. Warum der vor mir
rumrutschen sollte. Vor Dostojewskij
natürlich hätte er kriechen sollen.
Hatte aber noch nicht eine Zeile von
Dostojewskij gelesen. Noch nicht mal
was gehört von dem Mann.
Frau Löffler: Nutten sind bürgerlich.
Sind sentimental.
Aber der Reich-Ranicki hat ihr
den Todesstoß verweigert.
Liebliche Frau Löffler – sie taugen
nicht zur Nutte. War alles
was er rausbrachte.
Schien mir reichlich wenig, damals.
Aber vielleicht hatte der Reich-Ranicki
nicht seinen besten Abend.

Jedenfalls hat er da angefangen zu lesen.
Natürlich gleich mit dem Dosto.

Literatur und Schalke.
Genau darum geht es.
Wunderbare Verwirrung.
Ich, Lehmann, habe Schalke im Blut.
Ein kleines Stück vom großen Kuchen.
Verdunkeln – vertuschen – aussitzen.
Auf Deutsch: auschwitzen.
Wer das für einen geschmacklosen
Kalauer hält hat nichts begriffen.
Baruch Goldstein und Heinrich Himmler
... nur Menschen vermögen so
menschlich zu sein.
Unsäglich.
Jesus am Kreuz gebar, diese
tote Fliege gebar ...
Ich, Lehmann, weiß was läuft
in der Welt. Wer seine Position
hält. Wer den Gegenspieler
laufen lässt.
Wunderbare Verwirrung.
Das macht das Schalker Blut.
Wenn da nur ein Tropfen Tinte
noch mit zukommt ...
Poesie auf den Rängen. Poesie
zwischen den Zeilen.
'97. UEFA-Cup Endspiel gegen
Inter Mailand. Mit Ronaldo.

1. Spiel auf Schalke. 1:0.
Gegen Ives hat er keine Chance.
Singen wir. Yves Eigenrauch.
Stand dem Ronaldo auf den Füßen.
Aber sowas von.
Gegen Yves hatte der keine Chance.
Zum Rückspiel in Mailand ist er dann nicht.
Macht er normalerweise auch nicht.
Dafür ist ihm das Geld dann doch
zu schade. Ma is ja kein Millionär.
Diesmal wär er vielleicht doch.
Aber da war das mit dem Urlaub
schon fest.
Mit seiner Taube nach Spanien.
Da war er gerade mal erst ein
knappes Jahr verheiratet.
Da konnt er ja nicht einfach so
nach Mailand ...
Würd er auch in 50 Jahren nicht
machen. Ehrlich! Sone Taube
ist das. Die ganz große Liebe.
Das kommt davon wenn man literarisch
wird. Da lernt man solche Frauen
kennen.
Seine Taube arbeitete nämlich in der
Buchhandlung, wo er damals den
Dosto gekauft hatte.
Und nachher all die anderen Bücher.
Also nicht Mailand – Spanien.
El Rocío, die Romería.

Also, sein Ding ist das nicht.
Aber seine Taube wollte da unbedingt
mal hin, mitmachen.
War auch gar nicht so schlimm.
Ganz lustig sogar.
Ging auch um ne Taube da.
Blanca Paloma.
Also – war wirklich nicht schlecht.
Kutsche fahren, Lagerfeuer, viel
Wein. Alles best.
Und dann war die Choose vorbei.
Und beng! – alle weg. Wie mit
einem Schlag. Nur sie waren noch
da. Und die Leute, die da sowieso
wohnen, ist ja klar.
Und sie ham sich Vögel beschaut
im Nationalpark.
Und dann kam das Spiel.
Sind sie in ne Kneipe.
Nur sie und nen Haufen Einheimische.
Und die Einheimischen waren alle
für Mailand.
Nur er für Schalke.
Und die Mailänder ham nix auf die
Reihe gebracht.
Und er hat sich gefreut.
Und die Einheimischen ham schon
angefangen so nach ihnen hinzuschielen.
Da ists seiner Taube mulmig geworden.
Na ja – ihm auch.

Sind sie also zur Halbzeit zurück
ins Hotel.
Auffem Zimmer gabs auch ne Glotze.
Und der Yves ist dem Ronaldo immer noch
auf den Füßen gestanden.
Und der Ronaldo hat nix auf die Reihe
gebracht.
Zum Schluß gabs Elfmeterschießen.
Schalke hat gewonnen.

Mit den Einheimischen, das ist ihm aber
nicht aus dem Kopf gegangen.
Ma muss doch für den Underdog sein, oder?
Die Poesie des siegenden Underdog.
Aber das ist vielleicht nur was für Engländer
und Leute aus dem Pott.
Das nennt man kulturelle Vielfalt.
Also jedem Tier sein Pläsier.

Sein Pläsier ist die Neubesetzung
der Ehrentribüne.
Mal was anderes als die üblichen Arschgesichter ...
Dos Passos und Truman Capote.
Der Böll hat sich geziert, erst. Aber wie er
lieb bitte gesagt hat ...
Jetzt steht er mit dem Andersch und dem Koeppen
zusammen.
Thomas Mann hat abgesagt. Freundlich, aber
bestimmt. Gut, hat er nicht anders erwartet.
Aber der Fontane ist da, findet er große

Klasse von dem alten Herrn. Er packt ihn
gleich zur Jane Austin. Da sind die beiden
erstmal versorgt.
Der Irving und der Dickens stecken die Köpfe
zusammen. Der Dickens erzählt, wies mit dem
Edwin Drood hätte weitergehen sollen
(er hat seine Taube auf die beiden angesetzt, er
und sie wollen das nämlich auch wissen).
Und der Irving erklärt die Griffe beim Ringen
und wie das letzte Spiel von den Packers
gelaufen ist. Das hat der Kerouac mitgekriegt
und stellt sich jetzt dazu. Na bitte –
wird schon in die Gänge kommen.
Das Spiel fängt gleich an.
Libuda und Kuzorra in einer Mannschaft!
Der Dostojewski steht noch ziemlich
finster in der Gegend rum. Wenn der Hank
nur schon da wäre. Der zieht sich bestimmt
noch ne Currywurst und paar Bierchen rein.
Ach – da ist er ja! Gerettet. Der Dosto und der
Hank – Traumgespann. Mit den beiden muss
er dann Sonntag noch auf den Rennplatz.
Den Hank hat er da schon mal getroffen, paar
Jahre her. Das war, wo der Willingly, der Renner
mit den linken Hufen, ihm die Dreierwette
vermiest hat. Scheiße war das. So nah ist man
selten dran. Und da hat er den Hank neben sich
stehen sehen. Und der Hank hat ihm auf die
Schulter geklopft. So ist das.
Und der Libuda dribbelt los ... und schlägt ne

Flanke ... und da ist der Klaus Fischer ... und ... Tor!
Tor! Tor! Tor!
Und die Jane Austen fällt dem Fontane um den Hals, und jetzt kommen auch noch der Ginsberg und der Burroughs aus den Katakomben, haben sich noch einen reingezogen, ah super, sind alle da, super, der Trainer für die Mannschaft, er, Lehmann, stellt die Ehrentribüne zusammen, was anderes als die Arschgesichter, seine Jungs, seine Mädels (sind auch noch paar andere da, die Bachmann und so ...), so soll das sein ...
Literatur und Schalke ... sein Traum ...
und seine Perle hakt sich beim Dickens unter ...
der freut sich ... der alte Schwerenöter ...

5. Abteilung:

Mysterien

Ein Waldspaziergang

Schlafen denn die Bäume, dachte Kim
als er durch den Wald spazierte.
Schlafen die Bäume und schnarchen
oder sind sie tot und spielen nur die
rauschenden Gespenster.
Es könnten aber auch verwunschene
Prinzen und Prinzessinen sein, die mir
eine wichtige Nachricht zuflüstern wollen.
Vielleicht sind sie von einer bösen Hexe
verflucht, dazu verdammt hier zu stehen
um ihren Schlupfwinkel zu verbergen.
Siehst du, mein Junge, sagte da der Vater,
der die ganze Zeit schweigend neben Kim
hergeschritten war, all diese Bäume sind
vor über hundert Jahren gepflanzt worden
und waren damals genauso klein wie du
es heute bist.
Erwachsene können sehr dumm sein.

Sieben Paar seidene Schuh

sieben paar schuh tanzt sie durch
die nacht
sieben paar seidene schuh
das hätte den könig fast
um den verstand gebracht
was sein töchterlein da vertanzte

das ließ ihn wüten
das trieb ihn zur verzweiflung
das machte ihn rasend

- so geht das nicht –
schrie er

das töchterlein tanze

- das muss ein ende haben -
brüllte er

das töchterlein tanzte und tanzte

- aufhören muss das -
tobte er

das töchterlein tanzte und tanzte und tanzte

der könig beruhigte sich

- muss nachdenken -

sagte er sich
und sann

sieben paar seidene schuh
jede nacht
sind ein vermögen für
ein kleines königreich
der könig stand vor dem ruin

- muss scharf nachdenken -
sagte er sich

- muss eine lösung finden -
ermunterte er sich

- eine lösung muss her -
sprach er entschlossen

zitierte den hofnarren herbei
der auch erster kämmerer war
und erster ausrufer

- ruf aus -
befahl der könig

- die hand meiner tochter -
- und die nachfolge im königreich -
- dem -

- der dem tanzen einhalt gebietet -

darauf hatte er nur gewartet
der schuft
ein schreiber
ein kleiner schreiber
ein kleiner grauer schreiber
ein kleiner grauer blasser schreiberling

der
studierte die nekromantie
verstand es geister
und dämonen zu beschwören

und einen solchen
hatte er beschworen
einen dämon
einen ganz kleinen dämon
einen ganz kleinen blassen dämon

der konnte gestaltenwandeln
und wandelte
wandelte sich auf geheiß und verlangen
des schreibers

wandelte sich
wann immer die prinzessin den tanzsaal
verlassen wollte
sprang ihr als katze entgegen
fuhr ihr als vampir durchs haar

bleckte als vielfraß die spitzen zähne
und die prinzessin wich zurück
und tanzte und tanzte und tanzte
sieben paar seidene schuh in der nacht
vertanzte sie
tanzte und tanzte

- das muss ein ende haben -
stöhnte der könig
- aber ja -
entgegnete der schreiber
- lasst mich nur machen -
lauernd
- die hand der prinzessin -
der könig
-ja -
lauernder
- das halbe königreich -
der könig
- aber ja aber ja -
beflissen
- ich werde dem einhalt gebieten -

gesagt
getan

dem könig die prinzessin genommen
dem könig das königreich entrissen
den könig und den narren davongejagt
hat ein großer feuerspeiender drache

die arme prinzessin ...

und der schreiber?

der dämon hatte sich
zu einem grossen dämon entwickelt
zu einem grossen schwarzen dämon

der könig ist seiltänzer geworden
der narr ist narr geblieben
das königreich und die prinzessin
harren eines helden

Horche in die Nacht
wenn die Gänse kommen
flieg mit ihnen
das ist ganz einfach
sei leise
kehre in dich ein
und wenn sie nahe sind
steige auf
reih dich ein
sei die Flügelspitze
mach dich auf die Reise

Sei Luft
sei Wind
sei Feder
suche, versuche
versuche dich
suche frei zu sein
es gelingt
du weißt jetzt
dass es gelingt
mach dich auf die Reise

Freue dich
fliege
fliege mit dem Wind
fliege
fliege
fliege immerzu

Der Sandsturm

Der Sandsturm zerstob in der weiten Ebene. Über die Weite der Ebene war der Sandsturm hinweg gegangen wie eine Wolke von Tüll. Und es war ein gewaltiger Sandsturm. Es war aber auch eine gewaltige Ebene. Sie beide nahmen sich nichts von ihrer jeweiligen Größe. Eines bedingte das andere. Und sie bedingten die Reaktion der Kamelherde. Die Kamele setzten sich nieder. Und warteten ab.

Mit Thor on Tour
(on Tour with Thor)

Durch meinen Schlaf geht ein Gott spazieren
und ein neuer Anfang sucht sich aus dem
Gletschereis zu lösen
Ginungagap the Jawning Gap
das Große Loch
nicht Erde
nicht Himmel
nicht Gras
nicht Sand
nicht Wasser
nichts
Odin also
nein, Thor ist es
Wie geht es ihnen? Wie fühlen sie sich heute?
Fick dich ins Knie
(also, etwas freundlicher könnte er schon sein,
so als Gott, vielleicht etwas Erhabenes sagen,
für die Annalen ...)
verfickt und zugevögelt
so spricht ein Gott nicht
sei froh, dass du ein Mensch bist
sonst würde ich dich zum Menschen machen
oh ... verstehe ...
er blickt sich um
nach irgendwelchen Gewässern, die er
durchwaten könnte
oder sollte

oder müsste
auf der Suche nach Riesen
immerzu, immerfort
ein Scheißjob
aber was, macht Laune
und das Fleisch schwimmt in der Suppe
ein Ochsenauge obenauf
es schaut
es schaut
es schaut mich an
Darf ich mal den Hammer berühren?
Mein lieber Schwan
ach, der auch noch
man lernt nie aus
und nie genug
Erfahrungen, scheibchenweise
der Hammer ist eindeutig zu schwer für mich
hätt ich mir aber auch denken können
Und mit dem Handschuh?
Vergiss es ...
na, ich wills mir nicht mit ihm verderben
wo sind eigentlich ...
ach, da kommen sie ja schon über den Hügel
gefahren
die sind aber groß, die Böcke
da wirft er sich stolz in die Brust
das kann er aber auch!
die Böcke blecken die Zähne
knister, knirsch
Hörner sind das, sag ich

Hörner
einsteigen soll ich
echt?
und ab gehts ...
immer drei Fuß über dem Boden hin
die Kinder kreischen vor Vergnügen
jetzt versteh ich auch
warum sie diesem bebärteten Miesnick
dermaßen die Treue halten
(das hatte ich mich schon immer gefragt)
das hier, das hat
kein Freizeitpark der Welt zu bieten
dann sah ich auch schon meinen ersten Riesen
ja – schon beeindruckend
aber nicht für meine Begleiter
die Böcke kamen schnaubend zum Stehen
alle sprangen aus dem Wagen
(auch ich)
die Röskva zog sich gleich aus und tanzte da
auf der Heide rum
Lolita!
das machte den Riesen ganz kirre
(Riesen sind nämlich dauerhaft geil
wie mir später erklärt wurde)
Thialfi fing nun an ihn mit Steinen zu
bewerfen, das
trieb ihn vollends zur Raserei
(was sich für einen Riesen ja auch gehört)
und er griff sich einen Felsblock
und warf ihn zurück, den

fing der Thor aber leicht mit einer
Hand ab
(müsst ich den Packers mal einen Tip geben)
und warf nun seinerseits den Hammer
(muss ich den Packers unbedingt vermitteln, den
Kerl)
der fällte den Riesen, der
zu Stein wurde
oder was aus Riesen so wird
Eichhörnchensuppe
fällt mir da ein
muss ich unbedingt noch probieren
wo ich schon mal hier bin
(und diesen großen Breitbebärteten irgendwie
nach Green Bay lotsen)
wir erlegten noch drei weitere Riesen
an diesem Tag
gegen Abend
luden wir uns auf irgendeinem Gehöft ein
die Leute waren ganz stolz
wussten mit mir zwar so recht nichts
anzufangen, aber
da ich nunmal dabei war ...
es wurde ordentlich was aufgetragen
(ich bekam auch meine Eichhörnchensuppe)
auch Met, auch Bier
wir sangen schmutzige Lieder
(glaube ich, mein Altisländisch ist nicht so
bedeutend)
und das wars

so ziemlich
mal von meinem Brummschädel abgesehen
am nächsten Morgen
die drei fuhren mich noch zum Gletscher zurück
da steckte mein Auto mittendrin, sah ich nun
ach du Scheiße
aber der Thor hämmerte es fein säuberlich
da raus, wir lagen uns nochmal
schluchzend in den Armen, dann stieg
ich ein und fuhr nach Hause
die drei winkten mir lange nach
die Eichhörnchensuppe ist mir gar nicht
bekommen, die Eichhörnchen in unserer
Gegend machen seitdem einen weiten
Bogen um mich, ich hab auch schon
finstere Blicke abbekommen
tut mir echt leid
kommt nicht wieder vor
im Leben nicht
und nicht im Traum

Manchmal

Manchmal ist es umgekehrt. Manchmal geht es andersherum. Manchmal ist manchmal und manchmal ist manchmal oft. Da ist eine Linie, die steht mitten im Raum. Nur eine Linie. Mit Bleistift gezogen. Sie ist. Manchmal. Manchmal auch nicht. Manchmal ist da ein Plumpsklo. Ungelogen. Aber eher selten. Manchmal kann ich ganz weit sehen. Dann sehe ich die Leute am Strand von Tokelau. Sie singen ein Lied. Da möchte ich mitsummen. Aber es lässt mich nicht. Das liegt an der Datumsgrenze. Da komme ich nicht drüber weg. Manchmal ärgert mich das. Manchmal setz ich mich drüber weg. Manchmal strengt mich das sehr an. Manchmal huscht eine Meerkatze durchs Bild. Eine grüne Meerkatze. Manchmal setzt sie sich hin und kratzt sich lebhaft. Manchmal seh ich nur ihren Schatten. Manchmal ist es umgekehrt. Das verunsichert mich. Die Linie bleibt. Auf die Linie kann ich mich verlassen. Manchmal. Manchmal nicht. Manchmal puste ich sie weg. Manchmal schiebe ich sie beiseite. Beide Male dehnt sie sich wie ein Flitzebogen. Manchmal lache ich sehr. Dann wieder muss ich unbedingt einen Keks essen. Manchmal springe ich auf und suche einen purzelbaumschlagenden Tambourmajor. Der ist schlicht nicht zu fassen. Ich trage es mit Fassung und setz mich wieder hin. Trinke Tee. Knabbere Kekse. Da ist die Linie wieder da.

Manchmal. Manchmal das Plumpsklo. Manchmal die Linie und das Plumpsklo hinter der Linie. Und das Plumpsklo sperrt den Rachen auf. Manchmal ist es umgekehrt.

Die verzwickte Kunst der visuellen Wahrnehmung

Das
was das Auge sieht
ist nicht
das
was das Auge sieht

was das Auge
vorgibt zu sehen

der Kopf sieht
mit dem Auge

durch das Auge
du

dein Kopf
so
dein Auge
so

das Auge
so oder so
der Kopf
so oder so

das Auge meldet
grün

der Kopf fühlt
orange

das Auge bildet ab
Sariema
der Kopf
?

ein Vogel
ein wachtelartiger Vogel
ein reiherähnlicher Vogel
ein Vogel mit einer Federkrone
auf dem Kopf
ein Vogel mit langen Beinen
Sariema

der Kopf hätte aber auch
Specht
sagen
oder
Tapir
behaupten können

oder er hätte
Tannennadel
Gitarre
Atomkraftwerk
Tomatenmark
zum Vorschlag
gebracht

da hättest du ...
du hättest ...
dein Auge hätte ...
der Kopf
hätte
können
wollen
wie er will

Wenn eine Krähe ....

Wenn eine Krähe über den
Schnee fliegt
wird der Schnee weißer
das ist ein altes Gesetz
daran halten sich
sowohl die Krähe
als auch der Schnee
daher fliegt die Krähe
und der Schnee wird weißer

Vom richtigen Wortgebrauch

Dein Name kann für alles stehen
ich gebe dir mein Land, mein Haus
mein Haus ist nicht mein Haus
du bist sein Kind, sein Kind gibt dir
seine Schafsherde, er lässt dich allein
er/sie/es ist gefangen
das ist nicht deine Schuld
irgendein Name kann für irgendetwas
stehen, Pedro liebt Maria, Maria
aber hat sich Domingo versprochen
und Francisco willig hingegeben
er nimmt seine Mutter
nirgendwo kann ich meine Kinder sehen
ich esse Mais und Bohnen
und habe den guten Weg des Lebens
längst verlassen/aufgegeben
wir werden niemals unsere Kinder verlassen
ich verdiene es nicht/verdiene es mir
dies sind deine Arme, deine Beine
es ist ein Baum der Früchte trägt
bin ich gestorben? Das ist eine tote Person
vergiss die Toten nicht, die uns hinter
sich gelassen haben für immer
mein Kind, mein kleines Kind
niemals wirst du unsere Kinder
von uns nehmen, sie verbrennen
sie bei lebendigem Leib, lebende
Geschöpfe, Tiere, meine Tiere

sie verbrennen sie bei lebendigem Leib
wenn unsere Taten schlecht sind
werden uns die Dämonen in die
Hölle schleppen, gib mir den
Truthahn zurück, den du mir
gestohlen hast, gib ihn zurück
ich habe mit der Jungfrau gesprochen
mit der heiligen Jungfrau persönlich
ja, sie hat sich mir gezeigt
sie hat den Mantel von ihren Schultern
gestreift und so ist es geschehen
nein, ich habe niemals nichts
bereut

Küsse

Ich bin dir rettungslos verfallen
hemmungslos hingegeben
wenn ich nur wüsste wem
die Erinnerung an all die Küsse
und die Ungeküssten noch mehr
ein Meer voller Möglichkeiten
gewesen und in meinen Pupillen
eingebrannt nicht zu löschen
abrufbar auch ohne Abruf stets
bereit sich mir ich hemmungslos
verwirrt verirrt im Seelenbaumel
von Vergänglichkeit zu Ewigkeit
Küsse auf die man hinarbeitet
Küsse die einfach vom Himmel fallen
Küsse die man sich heimlich abholt
auf Kellertreppen vom Dachboden
unter der Decke unterm Regenschirm
in Burgruinen auf dem Söller in
riesige Schießscharten versunken in
Hauseingängen Häuserwinkeln einmal
auch auf der Venus aber das war nur
im Traum unter einem Mandelbaum
auf Wiesen oh auf so vielen Wiesen
und Hausbooten Dschunken in der Wüste
hemmungslos hingegeben verfallen
körperlos und fast schon in schwarzweiß
so lange her und dann doch kleine zarte
Körper körpervoll hingegeben Küsse

in der Nacht mit geschlossenen Augen mit
offenen Augen aber immer mit Zunge außer
ganz früher noch weiter weg schon fast gar
nicht mehr da und alles was gewesen sein
hätte können diese eine vielleicht noch
oder jene wenn sich da nicht dies oder das
oder jenes sich mit solchermaßen verheddert
hätte alles Etceteras und Pepes ohne
die leuchtende Sonne oder wenn der Mond
nicht ausgerechnet da durch die Wolken geschossen
wäre dieses Licht diese Helle oder Stockfinsternis
tastende Hände aber die Münder finden sich nicht
ach hätten sie bloß hätten sie doch nur was gewesen
wäre während nuschelnde Sterne oder
Sahnehäubchen
vielleicht auch der Stich einer Schnake an
den Ufern des Rheins der Loire des Missouri
heilig heilig heilig ist die Erinnerung
meine Pupille rollt Schlafliedchen dämmern
schön oh ja schön war es ist es gewesen
hätte es sein können dürfen unbedingt
und wird es sein wie unter goldenen Baldachinen

Die Blechdose

In einer kleinen Blechdose tanzen
ein Kaiserschnurrbartäffchen und ein
Goldschopfpinguin, eng umschlungen

Ich frage mich ob das sein kann
bewege die Frage sachte in meinem Mund
schiebe sie mit der Zunge von Seite zu Seite
von oben nach unten
dann
lasse ich sie zergehen

Natürlich können sie
wenn die Dose groß genug ist
oder die Liebe
wenn sie sich so sehr lieben wie es
den Anschein hat ist alles möglich
auch ist die Dose vielleicht gar nicht
so klein oder
die Liebe nicht so groß
ober es gibt überhaupt keine Dose

Die Existenz des Kaiserschnurrbartäffchens
und des Goldschopfpinguins wage ich
vorerst nicht in Zweifel zu ziehen
frage mich vielmehr ob ich überhaupt
berechtigt wäre sie in Frage zu stellen
Fragen zu stellen

Antworten zu erwarten
sehe ich doch mit eigenen Augen
ein Kaiserschnurrbartäffchen mit einem
Goldschopfpinguin in einer kleinen
Blechdose tanzen
das Kaiserschnurrbartäffchen ist etwa
einen Kopf größer als der Goldschopfpinguin
und beide sind groß genug um über den
Rand der Dose hinausblicken zu können
das tun sie aber nicht, sie sind zu
eng ineinander verschlungen
die beiden Liebenden
sind mir sehr lieb
und nun schließe ich die Augen
und wie ich sie wieder öffne
sind sie fort
aber nicht wirklich
irgendwo
tanzen sie weiter
wahrscheinlich in Buenos Aires

Das Hesekiel-Raumschiff

Kennt ihr die Sache mit dem Hesekiel-Raumschiff?
Nein?
Also, das war so ...
Der Hesekiel sitzt am Fluss, kaut Hanfkügelchen, und lässt die Füße baumeln, aber das steht da nicht.
Was da steht ist, dass ein ungestümer Wind aufkam von Norden, eine mächtige Wolke und loderndes Feuer ... und darinnen vier Gestalten ... und jede von ihnen hatte vier Angesichter und vier Flügel ... ihre Füße wie Stierfüße ... glänzend wie blinkendes Kupfer ... und in der Mitte der Gestalten sah es aus, wie wenn feurige Kohlen brennen ... das Feuer leuchtete, und aus dem Feuer kamen Blitze ...
Und als er die Gestalten ansah, der gute Hesekiel, siehe, da stand je ein Rad auf der Erde bei den vier Gestalten ... und sie waren so gemacht, dass ein Rad im anderen war ... nach allen vier Seiten konnten sie gehen ... und sie hatten Felgen ... ihre Felgen waren voller Augen ringsum ... und wenn die Gestalten gingen, so gingen auch die Räder mit ... aber über den Häuptern der Gestalten war es wie eine Himmelsfeste, wie ein Kristall ... wie der Regenbogen steht in Wolken ... so glänzte es ringsumher ...
Wenn das nicht ... ? Nicht wahr? Das hat der Däniken sich auch gedacht. Nun, ich weiß nicht, welche Beziehung d e r zum Hanf hatte. Vermutlich war er einfach nur Geschäftsmann. Langweilig. Der

Hesekiel nicht. Zweifellos ein früher Bruder von W. S. Burroughs und Carlos Castaneda.
Und dann ist er mit ihnen geflogen ...
Und es kam ein Windsbrausen über ihn – das Shuttle natürlich – und dann haben sie ihn nach einem entfernten Tempel geflogen. Eine Erdbase für die Raumschiffe, versteht sich. Aber wo? Da muss doch ... aber klar, es wird sich immer etwas finden. Chavin de Huantar in Peru zum Beispiel wäre ein Kandidat. Den Namen können wir gleich wieder vergessen. Die Außerirdischen würden ihre Station bestimmt ganz anders benannt haben. Grlllbgllerx. Schätze ich mal. Aber das Wesentliche ist – es gibt Typen, die Konstruktionsskizzen von diesem Raumhafen angefertigt haben. Echt! Einer hat sogar ein Modell von dem Shuttle entworfen, das der Hesekiel so schön beschrieben hat.
Das ist der Grund, warum ich so narrisch verliebt bin in uns Menschen. Weil wir so abgrundtief schräg sind. Was die Sache an sich betrifft, kehre ich lieber zu meinem Ausgangsbild zurück. Der Hesikiel sitzt am Fluss und kaut Hanfbällchen ...

Buslas Zaubersang

die schlacht war geschlagen, der sohn gegen
den vater, der sohn dem vater unterlegen
unheilvoll blut vergossen, Herrauth, der sohn
in ketten, so auch Bosi, sein freund und
waffenbruder, todgeweiht sie beide, Hring, der
vater, der Gauten König, unversöhnlich, kein
erbarmen, kein verzeihen, den tod ihnen zuerteilt
den tod am baum.
leicht fand er schlaf, Hring, der könig,
unerschütterlich
der todesspruch gesprochen, unerweichlich
kein erbarmen, kein verzeihen, tiefen schlafes
lag er, da Busla sich zur kammer schlich, Bosis
mutter, die hexe, die zauberkundige, des
schlafenden königs sich nähernd, ihren
spruch zu sagen, ihr lied zu singen, ihre
zauberkunst zu wirken.
da liegst du nun also, könig Hring, sprach sie
sang sie, begann ihre kunst zu wirken
da liegst du, starrsinnigster aller, festen sinnes
deinen sohn zu morden und den meinen
doch ich will es dir nicht durchgehen lassen –
also hör meinen gesang, wie die ganze welt
ihn vernehmen soll – ich werde es dir nicht
durchgehen lassen, ich schrei es dir in den schlaf.
sollen die untoten aufsteigen aus ihren gräbern
sollen die felsen berstend die erde erschüttern
sollen die himmel sich ballen über dir

wenn du Herrauth nicht vergibst, deinem sohn
und Bosi dem meinen nicht gnade gewährst
verderben wünsch ich dir in den schlaf
dass deine ohren ihren letzten schrei hören
mögen für immer, dass giftige nattern an dir
nagen, dir die augen aus den sockeln treten
und wenn du deine drachenboote aussendest
oh könig der Gauten, dann mögen die taue reißen
die ruder brechen, die segel zerfetzen, die planken
splittern, kein hafen dir, willst deinen richtspruch
nicht kehren, reitest du, lösen die zügel sich
strauchelt das pferd dir, sollen wohin dein weg dich
führt trolle lauern, willst deinen richtspruch nicht
kehren, sei dir dein bett wie brennendes stroh
sei deine kraft dir genommen, wenn bei den
mägden du liegst, kein mann mehr du nimmer
kehrst du den richtspruch nicht, zwerge und
thursen und elfen, sie alle dir feind, riesen
dich hassen, sturm dich vernichten, kehrst du
den richtspruch nicht, mögen die wölfe dich
reißen rabenaas werde, zur hel fahre nieder du
niederträchtigster aller, kehrst du den richtspruch
nicht, verdammt sei für immer ...
schweißgebadet fuhr er auf, Hring, der Gauten könig
unerbittlicher, fuhr auf aus dem schlaf, alle eide
zu schwören bereit, verzeihung, gnade gewährte er
stark war der zauber, mächtig gewirkt, für alle
zeiten vernehmt es, dass Busla ihn sprach, dass
Busla dies sang, mächtigste der zauberweiber
weh webte, ihr kein trotzt bieten konnte keiner

die becher hebt ihr zu ehren, die methörner in
die höh, trinkt, freunde, sie möge leben ...
trinkt ...

Hu! Hu!

Einfach auf etwas hinweisen
und sagen was es ist.
Die Magie des Anfangs.
Die alten Ägypter haben es gewusst.
Krokodil haben sie zum Krokodil gesagt
und das Krokodil ward Krokodil.
Ganz große Magie!
Ich will es auch einmal versuchen.
Schuh, sage ich zum Schuh
und weise auf ihn hin.
Ich will höher hinaus.
Bank! sage ich zur Bank, Hu!
Geld! sage ich zum Geld, Hu!
Revolution! sage ich.
Hu! sagt die Bank.
Hu! sagt das Geld.
Ja, sage ich
Hu! Hu!

Der Tote im Moor
(nach einer alten Geschiche)

Unter einer Birke im Moor ein Leichnam ausgestreckt auf dem Rücken liegt, es ist der Hans, der schlechte Kerl, der das Mariechen verführt, in Schmach und Schanden, im Kindbett ist sie tot geblieben, die Häuser hat er uns verbrannt, da sind wir über ihn gekommen, die Kugel schlug ihm in die Brust, der Dolch fuhr ihm durchs Herz, doch lief er fort, zum Moor, zur Birke hin, dort legte er sich nieder.
Drei Tage liegt er da, warm fließt das Blut und rot, sein blaues Auge, starr blickts zum Himmel auf und weh dem, der vorübergeht, trifft ihn sein Blick, und seht, wie ihm der Bart noch wuchs, die Nägel lang, die Raben selbst scheuts vor dem Ort, ihn rührt kein Rabenschnabel an, und seht nur wie sein Mund so rot, er lächelt noch wie einer eingelullt im Traum von schaudervoller Liebe, ach Marie, sähst du ihn an, den schlechten Kerl, um den verraten du dein hoch Geschlecht, das ist, das ist dein Mann, oh küsse seinen blutgen Mund, der dir so gut zu lügen wusste, von Liebe sprach.
So lang er lebend war, macht er der Tränen fließen viel, er macht der Tränen fließen mehr, nun er nicht mehr am Leben ...

Sieben Türme

Prächtig stehen die Türme da. Sieben Türme einer prächtigen Burg.
Hoch empor ragen die Türme. Die entflammten Berge im Hintergrund, die beiden Monde am Himmel, rot und golden gleiten die Drachen darüber hin.
Keine Posaunen erschallen von den Zinnen, als das hohe Fräulein eingeritten kommt auf ihrem weißen Zelter. Das Fräulein von der Weißen Rose.
Rot und golden glänzen die Drachen am Himmel, rot und golden das Mondenlicht im Burghof.
Aus der Tiefe des Brunnens ertönt schauriger Gesang, am Burggraben sitzen einige Skelette, die knochigen Zehen im Wasser kreiselnd, rot und golden beschienen.
Gleichgültige weiße Gestalten lassen das Fräulein passieren. Keine hilfreichen Pferdeknechte, plappernde Mägde, kein edler Ritter, der ihr strahlend entgegenträte, ihren Mund zu küssen.
Prächtig stehen die Türme da. Sieben Türme. Einst waren es neun. Der Turm des Fräuleins von der Roten Rose und der Turm des Purpurritters, sie sind nicht mehr. Sie sind vergangen.
Bewegungslos steht das weiße Pferdchen.
Bewegungslos im Sattel sitzt das hohe Fräulein.
Ihr langes Haar weht im Wind. Weiß. Aus der Tiefe des Brunnens ist ein Unhold aufgestiegen. Er sitzt

am Brunnenrand. Rot und golden spiegeln sich die
Drachen im Burggraben. Die Skelette erheben sich.

Le Cri (de Strasbourg)

Ein Schrei steigt auf aus der Ill. Schwillt an. Dann legt er sich über die Rue des Moulins. Die Glocken haben vergessen zwölf zu schlagen. Der Schrei liegt über der Rue des Moulins. Le Cri. Dann kommt die Hand. Indem sie alle fünf Fingerkuppen ins Pflaster presst und die Glieder auf- und voranzieht. Eine sehr stark behaarte Hand. Dort, wo die Hand abgetrennt wurde sieht man kein Blut. Vielleicht ist es eingetrocknet. Vielleicht vernarbt, verheilt. Vielleicht ist es einfach nur eine Hand. Eine Schar Ratten und Mäuse erscheint. Die Mäuse bilden der Hand ein Spalier. Die Ratten heben blitzende Schwerter in die Höh. Die Hand kriecht voran. Alles schweigsam. Alles schweigt. Auch der Schrei schweigt. Le Cri. Die Hand kriecht voran. Spalier um Spalier. Blitzende Schwerter. Die Hand. Die Ill gurgelt. Das ist alles was man hört. Das ist überhaupt alles.

Kinder des Frühlings

Heute wurden wir Kinder des Frühlings
wir lebten uns auf im Übermaß der Brandung
und die frische Bö
wehte uns Freude durchs Haar
das Meer verspielte sich in Schönheit
und in der Gischt
tanzte mit den Möwen der junge Wind

das satte grüne Gras
und Weite schaut sich aus im Blick
nach Norden Süden
mit dem Wind
mit dem Regen
mit dem Wind

Schafe kauen
Meerduft
roter weißer Ringelleuchtturm
fette Wolken
Regen Wind
Wind bläst Meerduft

wenn fliegen fliegen fliegen fliegen
fliegen hinterher

und wir tanzen mit dem Wind
mit dem Regen mit dem Wind

mit den Schafen in der Brandung
und der Ringelleuchtturm
steht einfach so da
als ob er dazugehört
wie find ich denn sowas …

Strandwanderer

Da ist ein kleiner silberner Vogel
mit dem möchtest du spielen
aber bedenke
es könnte ein Truthahngeier sein
der sich kostümiert hat

Springtiden und Nipptiden und
der Strandhafer sticht dir
den großen Zeh
Küstenhüpfer Strandflöhe
eine ganze Wolke voll

Ein riesiger Tulpenfrachter hat seine Ladung
über Bord gehen lassen
das ist das Blumenmeer
darin ertrinken
die kleinen Seeschwalben

Eine Silbermöwe lacht böse
- sie ist nicht der kleine silberne Vogel –
sie ist auch keine Lachmöwe
sie ist nicht interessiert
an Konversation

Die weiße Pfeffermuschel und die
glänzende Pfeffermuschel sind

Bigamisten demzufolge die
lange Pfeffermuschel traurig
ins tiefe Wasser watet

Eine Ahnung beschleicht dich
dass der gemeine Strandseeigel
dich beschleichen könnte
getarnt
zwischen Seegras und Tangbeständen

Schlangensternamphitheater große
Show angekündigt weithin
tönende Lustbarkeiten verderbter
Zylinderschnecken die den
Seehasen nachstellen

Draußen im Gezeitengürtel lauern
die vollständig vermummten
Saulslumslumberhaie gefräßigen
Gebisses das riecht nach
Heringskasserolle

Mutwillige Albatrosse auf der
Rah des Großseglers
das Schiff schlingert bohrt sich in
den Sand Moin sag ich
Moin sagt der Kapitän

Wir gehen einen trinken einen
Grog oder drei
die Seehasen flehen um Erbarmen
den kleinen silbernen Vogel
nehmen wir mit

Sag es laut ...

Eines Morgens wird einfach das Wetter schön sein
die Sonne wird scheinen, die Bäume werden sich
recken dem blauen Himmel entgegen
du wirst das Wort flüstern, ganz leise
wirst du es vor dich hinsagen, als ob es
ein Geheimnis wäre, oder dass es, wenn du es
laut sagtest, sich wieder ins Gestern verkehrte
mit dunklen Regenwolken und kalten Winden
das möchtest du nicht, also leise, leise, flüstern
dass es nur ja nicht erschrecke, davonstiebe, sachte
sei sachte, zögerlich trittst du vor die Tür
wie eine weiche Umarmung umfängt dich
der frühe Morgen, ein Rotkehlchen sitzt im
Fliederbusch vor dem Haus, das weiß dir ein
Liedchen zu singen, mutig schaust du nun aus
schaust dich um, breitest deine Segel aus
die Sonne fließt dir ins Haar, eine große Sonne
sanft betupft sie dich mit ihren Schwingen
ein großer Himmel tut sich auf, du wusstest
gar nicht mehr wie groß, und weit, und
flimmernd lockend, der ganze Tag, ein
ganzer langer Tag, er ist nun dein, brauchst
nun nicht mehr zu Sehnen, kannst einfach
lachen, springen, glücklich sein, das wagtest du
fast gar nicht mehr zu hoffen, und hast es doch
gewusst, wie wir es alle wussten, er würde kommen
sag es laut ...

Landschaftsaufnahme mit Einhorn

Es war kalt, es regnete, und der Himmel machte den Eindruck, als ob er sich auf mich draufschmeißen wollte.
Ich liebe solche Tage.
Ich gehe gerne an solchen Tagen spazieren, man ist allein und kann genüsslich vor sich hinmelancholieren.
Ich ging durch den Wald, über das Moor, dann kam ich an die Pferdekoppel. Da waren aber keine Pferde heute, da war nur ein Einhorn, das friedlich graste.
Ein ... doch ... klarer Fall ... es ließ sich durch mich auch gar nicht weiter stören.
Mir schien, als ob die Wolken und der Regen einen Bogen um das Einhorn machten, dass
ein Leuchten von ihm ausginge, aber bevor ich mir einen Reim darauf machen konnte kam
in einem Affenzahn ein Reisebus über den Feldweg auf uns zugebrettert.
Drei Schritte vor mir kam er schlidderend zum Stehen. Und eine Horde Japaner stürzte da raus.
Und sofort begannen sie zu fotografieren. Klick-klick-klick und klack-klack-klack ging das.
Es blieb keine Zeit zur Besinnung. Sie nahmen alles mit. Was da so war.
Und das waren das Einhorn. Und ich. Und der nasse graue Himmel.
Klick-klick-klick und klack-klack-klack.
Keine zwei Minuten wird das gebraucht haben.

Und dann waren sie wieder weg.
Und das Einhorn und ich – wir kuckten uns an.
Nicht lange hin, da würden die Aufnahmen auf japanischen Familientreffen rumgereicht werden.
Da seht mal – das war in Do-I-Zu: Ein deutsches Einhorn. Ein deutscher Mensch. Ein deutscher Himmel.
Obwohl ich Zweifel hege, ob das Einhorn auf den Aufnahmen würde zu sehen sein.
Aber das ist nicht mein Problem.
Ich sagte dem Einhorn artig auf Wiedersehen und trollte mich heimwärts.

Fantasy

Zerschlissen sind die schäumenden Wildbäche
auf dem letzten Gipfel noch thront ein Mountainbike
einer wird sich bald rühmen als erster den
Laternenpfahl vor der Einfahrt bezwungen zu haben
der Schornsteinfeger steigt schon von jeher von außen
aufs Dach, das ist echter Sportsgeist –
da kann ich nur staunen und frag mich: wohin?
Wohin soll ich noch fliehen, wohin mir kein
Snowboarder nachhechelt, und wo kein Drachensegler
die Aussicht vergeigt, ich bleib wo ich bin
und wo ich bin, da tanzen die Schattenwölfe
da raunen sich die Borribles ihr ′lass dich nicht
erwischen ...′ zu, da sind die einsamen Alleen und
finsteren Gassen von Lankhmar, da singen die Elfen
ihre Lieder, gütige Weise schenken guten Rat
schwarze Magier beschwören finstere Dämonen
und wenn sich ein tollkühner Freeclimber durch
den Kamin zwängen sollte, dann packen sie ihn und
schleppen ihn fort in die niedersten Niederhöllen
abwärts mit ihm ...

Besuch

Der kam einfach so vorbei, stand
draußen vor dem Fenster, klopfte
deutete mit den Händen, den Fingern
dass ich die Tür öffnen sollte
das tat ich denn auch.
Er sei Anubis, stellte er sich vor
- als ob ich das nicht selber sähe -
und er bräuchte ein Obdach
so sage man doch wohl
er sprach mit sehr starkem Akzent, blickte
flehend - wer könnte da widerstehen -
ich ließ ihn also rein, machte mir
bereits Gedanken, was ich anzubieten hätte
bitte, keine Umstände, sagte er
- Gedanken lesen kann er also auch -
ich schob ihn Richtung Sofa
er lächelte, das gefiel mir
so ein scharfzähniges Schakalslächeln
er könne sich durchaus revanchieren, sagte er
etwas Magie gefällig - und schnippte mit den
Fingern
da saß ihm ein Horus auf der Faust
die Krone beider Ägypten auf dem Kopf
zauste sein Gefieder, schnipp, weg war er wieder
dafür gähnte ein kleiner Sobek auf dem
Beistelltischchen
schnipp, war er wieder weg, da bäumte sich
eine riesige Felsenkobra vor mir auf

ich zuckte
wachte schlagartig auf
starrte entsetzt in alle Zimmerecken
nichts, nichts, Gott sei dank nichts
ich hielt noch das Faksimile von Anis Totenbuch
auf den Knien, die Seite aufgeschlagen
wo Anubis die Waage hält, musste wohl
eingenickt sein, bei allen guten Göttern
Ägyptenlandes
die Kobra war mir verdammt echt vorgekommen
besser vorsichtig sein wenn ich jetzt aufstehe
nochmal alles absuchen gehe.

Novemberkobolde

Grau. Grau beginnt der Tag. Grau
wird er enden.
Von der Sonne weiß man nur, dass es
sie gibt, vom hörensagen
irgendwo da
hinter dem Grau
irgendwo da
soll es sie geben.
Doch was braucht man schon eine Sonne
wenn die Nebel einschweben
die Gespenstertreiber
Novembernebel, Märchennebel
die Kobolde plackern sich ab
in den Laubhaufen
und gleich hinterm Haus haben wir
ein Irrlicht sitzen
das die ganze Nacht seufzt
(der Teufel soll es holen)
was haben Irrlichter denn zu seufzen?
Irrlichter haben nicht zu seufzen.
Und wenn man was sagt, dann
fängt es gleich an zu greinen.
Ein greinendes Irrlicht!
Das ist doch zum Mäusemelken!
Und alles ohne Sonne
ohne Sonne
die lässt sich nicht blicken
Novembernebel, Märchennebel

in den Blätterhaufen stampfen die Kobolde
eine Sarabande
nur sie wissen wieso und warum
wenn überhaupt
Kobolde sind nicht so
sondern so
und fragen macht keinen Sinn
mit Kobolden ist nicht gut Kirschen essen
kann so oder so ausgehen
mir ist weder nach dem einen noch
nach dem anderen
sollen sie doch ihre Sarabande stampfen
nur das Eichhörnchen, Leute, lasst in Ruh
und zieht ihm nicht am Schwanz
ich versprech ihnen ein Extraschälchen Milch
das macht sie geneigt
ein paar grinsen sogar und zeigen mir
ihre schiefen Zähne
(sowas von schief)
aber dann gehts gleich – hui, hey, hey
weiter mit der Sarabande
herziges Völkchen
aber dass nun ausgerechnet
so ein Zwerg daherkommen muss
und ausgerechnet einer von der
finstren Sorte
so ein Schwarzalb
das hatte mir gerade noch gefehlt
und auch die Kobolde
unterbrechen ihre Sarabande

scharren ängstlich ihre Plattfüße im
Blätterhaufen
grinsen unbeholfen, zeigen
ihre schiefen Zähne
(sowas von schief)
das gefällt dem schwarzen Unhold
wie er unter sie springt
auf ihnen rumtrampelt
so scheint mir gar
das sähe ihm ähnlich
und was ein Glück, mich
beachtet er gar nicht
ich nütz das aus und schleich mich zurück ins
Haus eh er was bemerkt, schließe die Tür
uff, geschafft, durchatmen
die laden sich nämlich gerne mal
selber ein, diese Mistkerle
und eh man sichs versieht
buddeln sie einem im Keller rum
es bleibt nämlich nicht bei dem einen
wenn einer da ist, sind auch gleich
seine Kumpels da
und es riecht alles nach Sprit
ein Zeugs ist das, was die saufen
das zieht einem nicht nur die Schuhe aus
da fallen gleich die Nägel mit ab
so ein Zeugs, da könnte höchstens
Nanny Ogg noch mithalten
und sie buddeln und buddeln
und wenn sie Schätze finden, dann

geben sie einem nichts ab
aber was sollte bei uns schon zu finden sein
hier ist Moor
ein paar rostige Lanzenspitzen
zerbröselte Schwerter
ein- bis zwei Moorleichen
na schön, könnte man Schloss Gottorf schenken
oder dem Harburger Museum vermachen
aber nee, der Spritdunst
und diese ganzen Mistkerle
ist die Tür auch dicht?
ich brauch jetzt unbedingt einen Schluck
Whisky

Die vier Winde

Der Südwind

der südwind schmeckt nach vulkan - heiße aschepartikel - aber sonst viel traubensaft - ein lorbeerzweig - der duft von olivenöl - einer pizza - frisch aus dem ofen - ein pelikan braucht lange bis er begreift - dann kann er den kehlsack nicht voll genug haben - die fischer lachen - der hafen blinzelt wie ein müder delphin - Piräus - danach der besoffene in der kneipe – abgeflaut - den kopf in einer lache wein - harzig - Retsina – komm - auf - der südwind flaut nie ab – Sandarak - ungeduldige finger knipsen dominosteine - über den hügel hin treibt der wind - gib mir einen Augenblick - lass mich das blaue meer sehen - einmal nur - sagt man nicht so? - einmal nur dieses meer - dieses blau - dann kommst du nicht mehr davon los - Insalata di Mare - Pastiera di Grano - mhh! - dafür sterben - für das meer - für den wind - aber vorher noch einen Vernaccio die San Gimignano - und die Stretta nochmal hören - ein letztes mal - und der wind ist so weich - wie mit händen - zart und lieblich - auf der zunge schmelzend wie eine Zabaglione al Moscato - I palpiti al cor!

Der Westwind

der westwind kennt viele lieder - und bläst sie dir um die ohren - und er verlangt nach opfern - goldene sicheln an mädchenkehlen - eine blutföntäne wie ein geysir roter rosen – elfenreigen – tosende schatten – und ein glas milch – gischt und hohe see – brandung – steile felsküsten – da draußen – wo das land zu ende geht – verliert sich in felsklötzen – in der see - weite see – weiter wind – wolken ohne gestern und morgen – der wind fällt dich an wie eine seeschlange – ich habe noch nie einen erstauneren blitz zucken sehen – der westwind kennt viele märchen – viele abenteuer – er reitet – er fährt postkutsche – dampfross – und automobil – er hat Villon im letzten loch besucht – er ist mit Artus in die schlacht geritten – er hat den Gral aufgehoben und ihn leergetrunken – er hat Marie-Antoinette vom haupt geholfen – er ist laut im übermaß – qual und quelle meiner träume – Gargantua der einem brathering mönchslogik einbleut – auf den ebenen der Mancha bewegen sich die flügel einer mühle – bete zur guten nacht – und Rillette – ich liebe Rillette – ein glasen – zwei glasen – nebelbänke – Tremendous!

Der Nordwind

der nordwind ist ein wichtigtuerischer bursche –
kommt aus winterland – kann kaum gehen vor kraft –
also bläht er sich mächtig auf – und winde wehen –
eine ganze herde von Hansekoggen duckt sich
beiseite – eine bedürfnisanstalt – hrimcealde sea –
drachenboote speiender krabbenpuler – küsten –
inseln – sand und dünen – du weißt nie wo was ist –
und wo was nicht ist – land und see – und die
Mandränken – sturm – orkan – aufgepeitscht – alles
versinkt in den fluten – menschenverzehrer – Njord
im goldenen wagen – hier stirbt es sich gut und
ausführlich – und bei neumond schwimmen auf der
neunten welle die seelen der verstorbenen – alles ist
eins – windgeschoren – walkürenschrei – nimm einen
schluck von diesem wacholderschnaps – und richte
dich auf – und der wind haut sich dir entgegen – der
wind noch ist – und haut dich um – und deich auf
wasser schaut herab – komm – nimm noch einen
schluck – nordwind – du großer staubsaugender
straßenfeger – lass dich vom butt nicht mitschnacken
– und meide den roten sandwurm – Gefräßig!

Der Ostwind

der ostwind ist rot und weiß – und kalt – und birken – birken die sich ihm ganz geben – birken dichtgedrängt – rote sonne – weißer schnee – klirrender frost – balalaikaklänge von fern – postmeister und triebtäter – ein summender samowar – der wind weiß was er tut – wir wollten wir könnten – so überkommt er uns – ein betrunkener liegt erfrierend im schnee – Budjonny reitet – eine kutsche voller zaristischer offiziere flieht – alle im monokel – ich sehe sie immer im monokel – aber Trotzki holt sie ein – die Rotgardisten machen kurzen prozess – der schnee blutet rot – der wind hustet – kolchoshusten – mehr betrunkene im schnee – der schnee blutet roter – der schnee ist schuldlos – auch der wind kann nichts dafür – das blut wird umsonst vergossen – flaumige zauberkristalle schütten alles zu – Vodka! – Vodka! – der schnee blutet immerfort – die balalaika klingt – erfrierende betrunkene singen erbarmungslose lieder von melancholischen triebtätern - wenn der ostwind von ganz weit her bei mir ankommt werfe ich einen zaristischen offizier mehr in den kamin – die monokel häng ich mir als trophäe an die wäscheleine – Vodka!

Nostradamus

Das Grab der Ziege
dort fügt sich Vater zu Sohn
Bastard eines Bastards eines Bastards
hündische Vereinigung
löst ihm die Zunge, dem
Verräter, der buckligen Missgestalt
dem Krötengesicht
ich sehe deine Augen
sie quellen hervor, sie bersten
ich sehe, ich sehe
tief stürzt der Falke
Blut wünscht nicht durch
Blut zu verderben, tötet sie
tötet sie alle, wenn
sie zu faulen beginnen
schabt ihnen das Fleisch
von den Knochen, diese
werft in die Brunnen
oh, ich will, ich will
der falsche Feind
nicht, nicht
den nicht, nicht diesen
wenn die Wälder erzittern, oh
der Fluss, das Licht, der Blitz
erschüttert die Kathedrale
bald, doch zu spät, der
große Tag, Blut, Feuer, die
Erde, das Zentrum der Erde

im Feuer, in Flammen, die
Felder – in Flammen, die
Städte – Staub und Asche
Erbarmen, es ist ein
schweres Verrichten die Großen
des Reiches zu verdammen
Erbarmen, Erlösung
von Aleph zu Aleph in
alle Ewigkeit
dies ist der Tag des
Triumphes, er ist
da

Nostradamus Zweifel und Tod

Herr, es ist groß
zu denken, dass du
Großes mit uns
vorhast, groß
zu glauben
dass den Tod du
zuweist
angemessen und gut
Frau und Kinder
starben mir jung und früh
du allein
weißt warum
Hunger fraß das
Land kahl
Seuchen plünderten
Kriege verheerten es
der Menschen Not schreit
zu dir, wie sie immer
geschrien, wie
du weißt
auch künftighin
schreien wird
ein
ewiger Schrei des
Kummers und der
Verzweiflung, Herr
nichts
hast du geändert

nichts
wirst du je ändern
warum?
du wirst den Hund
angebunden finden
auf der Straße nach Orleans
es gibt einfache Antworten
deine Antworten, Herr
sind keine Antworten
meine Antworten
werden den Zweifel
nähren
du wirst das schwarze
Schwein essen, ich
das weiße
das
ist
was
ich dazu
zu sagen habe
ich allein
auserwählt unter den
Sterblichen
zu verkünden was
sein wird
sterben
müssen wir allesamt

Ich und mein Ich

Ich und mein Ich, wir
gehen getrennte Wege
bis wir uns des Nachts
wiederfinden in einem Bett, da
erzählen wir uns wundersame Märchen
die Welt ist ein Märchen
ganz ohne Zweifel
und diese seltsame Frau, die ich
als garstige Hexe erleben musste
mein Ich betrachtet sie hartnäckig als
unschuldige Prinzessin mit goldenem Herzen
wie sollte ich mich da aus Verstrickungen lösen
wollte mich gar nicht aus Verstrickungen lösen
sie beflügeln die Fantasie
unverstrickte Menschen dauern mich
wie können die leben?
Mein Ich lebt völlig unbeschwert dahin
Ich gönne ihm das auch, möchte mich
aber dennoch gerne mitteilen, da ist es
bereits eingeschlafen und ich hänge wach
mit meinen Bedenken zum täglich Erlebten
dem fortschreitenden, dem schleichenden, dem
triumphierenden Tod und dem Parkinson und
dem Alzheimer, die Grimassen schneiden
und Pirouetten drehen, es
gehört alles zusammen, das menschliche Leben
ist ein Kunstwerk an sich, bis zum Ende ist es das
und am Ende wohl mehr als zuvor

doch mein Ich schnarcht friedlich
ich glaube, es weiß das alles
besser noch als ich.

Ich suche tastend, flehend
nach deinem Bild
in meinem Herzen ist Rauch
wenn ich in deine Augen sehe
die tief eingesunken sind
so tief, deine Wangen
schmal, tiefe Risse
dein Mund, suchend
du
mich
wenn du nur
aber tief in deinen Augen
verborgen
rette dich
ich
mich dich
nicht
dein Kinn, oh
wenn ich es trösten könnte …

Der Löwe und das Einhorn

Ich bin der Löwe, ich bin die Sonne. Ich bin das Einhorn, ich bin der Mond. Der Löwe brüllt und zerschmettert seine Feinde. Das Einhorn hüllt sich in Goldstaub und verschlingt das Gesetz. Da ist der heilige Baum, eine Palme. Da sind der Ochs und die Biene.
Das Einhorn wird auf den Löwen zustürzen in Wut. Der Löwe wird sich hinter den Baum flüchten in letzter Not. Das Horn wird sich in den Stamm bohren, der Löwe das Einhorn reißen, das wehrlos geworden nicht zu entkommen vermag ...
So ist es überliefert ... So ist es nicht geschehen ...
Der Ochs und die Biene haben Einspruch erhoben. Auch der heilige Baum mochte seinen Stamm nicht beschädigt sehen. Und dass der Löwe und das Einhorn einander liebten, auch das wissen wir.
Also hat Helios sie an Bord genommen, sie alle an Bord seiner goldenen Barke. Und sie sind nach Westen gesegelt, dort sollte es ein Land geben, einen Ort der Seligen, ein gelobtes Land, wo der milde Duft des Ozeans weht. Dorthin, dem Mythos zu entgehen, neuen Mythos zu wagen. Hack dir den Kopf ab und sage es sei dir ein Wunder geschehen. Man kann ganz neu gestalten. Raa roooo roaaaar machen die Wellen. Neu typisieren.
Der heilige Baum genießt die Seefahrt, er ist wie neu erblüht. Die Biene wiegt sich in einer seiner Blüten, wie das Einhorn sich an den Löwen schmiegt, ihm zu

Füßen. Im Gezweig ein Pärchen Palmratten, blinde Passagiere. Alles wird neu. Helios am Steuer, den Blick westwärts gewandt. Westward, ho!
Wer an das Einhorn glaubt, glaubt gut und glaubt an die Liebe des Löwen. Der Garten der Hesperiden, nichts anderes erwartet dich. Wenn du sie suchst, wenn du sie suchen gehst – suche - und wenn dir das Wasser schwer wird und die Luft sich dreht - wage es. Dort - hinter dem Horizont - ich sage dir, dass es ein Dort gibt – dort - hinter dem Horizont – dort - zwischen dem Himmel und dem Meer - dorthin sollst du gehen.

Die Fliegende Brücke

Hols der Teibel, mein Bruder, Herr Graf --- ja, hols
der Teibel ---
Auf der fliegenden Brücke haben sie Abschied
genommen --- hin und her --- hin und zurück ---
wieder hin --- wieder her --- wieder und wieder ---
nichts würde mehr sein wie es war --- nie würde es
mehr sein wie es gewesen ist --- es war vorbei,
vorbei, vorbei --- nichts, nichts, nichts --- die Zeit
endete hier --- die Poesie endete hier --- das Leben
endete hier --- hier auf der fliegenden Brücke --- hin
und zurück, zurück und vorbei --- aus, aus, aus und
vorbei ---
Hols der Teibel, mein Bruder, Herr Graf --- ja, hols
der Teibel ---

Das Marktschiff nach Mainz. Die kleine
Rabenschwarze hatte sie hinbegleitet. Hatte darauf
bestanden sie hinzubegleiten. Rabenschwarzes Haar.
Rabenschwarze Augen. In jedem Auge leuchtet ein
Stern. Ein Stern in jedem Auge. Genau ein Stern.
Ein kleiner Kobold im schwarzen Hängerkleidchen.
Am Anleger Trubel.
Gerenne. Geschrei. Guck emol, Clemens, die
Mädscher gucke nach dir hin. Sie singt die Sprache.
Auch der Clemens kann die Sprache singen wenn
die Geschwister unternander sind. Gelt, Clemens,
wie die Mädscher gucke ... Ach Unsinn, die gucke

nachem Arnim, nur nachem Arnim gucke se, singt
der Clemens zurück.
Der Arnim ist ein schöner Mensch. Männlich wirkt
er, und ernst.
Ganz anders der Clemens, wie ein Fant, blaue Handschuhe, enge lederne Beinkleider, das rote Freiheitsmützchen über tausend schwarzen Locken, aber der
Arnim auch, ach, schlampig im weiten Überrock,
die Nähte der Ärmel aufgetrennt, die Mütze mit halb
abgerissenem Futter, was ein Paar, und wie der
Clemens aufs Schiff springt, gelt, nach mir gucke die
Mädscher hin, doch halt nach mir ...

In Mainz, da ist ein Grab, da steht eine silberne
Distel drauf in Blüte. Und der Herr Satan fährt in
schwarzer Kalesche spazieren.
Im Domkapitel heißt es, es sei ein Prälat aus Rom,
hinter vorgehaltener Hand flüstert man von geheimer
Mission, und dass es dem Emporkömmling, dem
Gottlosen, dem Buonaparte, an den Kragen ginge.
Dieweil der Herr Satan große Tafel hält im Gasthof
zu den drei Reichskronen und den Mägden die
Wangen knufft ...

In Winkel, da haben sie den ganzen Abend in
Rheinwein geschwelgt und sich in edlem
Sängerstreit ergangen, wer wohl den Mund bald
würde spitzen dürfen, zu keuschem Kuss dem
schönen Wirtstöchterlein, doch – husch, husch,
husch – und eh sie sichs versahen

entschwand sie mit dem Dritten in die Nacht.
Ja, ja – so geht es zu am Rhein, hat der Clemens
gesagt, und dann haben sie gelacht und dann sind sie
an den Fluss runter, grad dort wo der Baum stand,
die Weide da am Ufer, darunter, da wo die
Günderrode sich den Dolch in die Brust stoßen wird.
Davon ahnen sie nicht wie sie da stehen. Sie
schwelgen. Der Mond beglänzt sich
im Wasser, die Wellen biegen ihn nach da und
dorthinaus ...

Auf dem Ostein stehen. Das Rheintal drunten. All
die kleinen Dörfchen und Städchen, Bingen,
Ingelheim, bunte Tupfer, den St. Rochus sieht man
da, den Hunsrück sich aufrichten, ganz hinten den
Donnersberg. Und den Wein, überall den Wein. Den
Wein, die bunten Tupfer, auf dem Ostein stehen, der
Rhein sprüht Funken, und wie sie mit dem Nachen
übersetzen, glutrot badet die Sonne den Mäuseturm,
ach komm, sagt der Clemens, komm lass uns wieder
über den Rhein, über den Rhein, auf dem Rhein, es
ist einfach zu schön, sieh, sagt der Arnim,
das da ist dein Stern und das ist der meine ...

Der Schinnerhannes soll auch über den Rhein, hören
sie in Kaub. Niwwer und nimmer zerick.
Der Schinnerhannes?
Wie, ihr kennet de Schinnerhannes niet?
Man brachte viele Flaschen Wein bis sie den
Schinnerhannes kannten.

Der Clemens ergötzte sich bei der Vorstellung wie
sich die Räuber des gestrengen Bruders Franz
bemächtigten.
Der Arnim tadelt ihn nur leise.
Der Clemens singt das Lied vom Lindenschmid.
Die Leute kennens, singen mit ...

Der Wein krallt sich in die Hänge.
Immer schroffer wird das Tal, immer steiler geht es
in die Höh. Am schroffsten und steilsten aber ist sie.
Senkrecht steht der Fels, finster und gar nicht
lockend.
Und doch, wenn du unten im Strudel steckst, die
Planken stöhnen, und der Fluss dich auf die scharfen
Klippen drückt, es geht dein Blick dann doch nach
oben – und du bist verloren.
Die Zauberin ist. Die Verderberin. Der Clemens hat
sie als erster besungen. Zu Bacharach am Rheine ...

Auf der fliegenden Brücke dann haben sie Abschied
genommen --- hin und wieder zurück --- weißt du
noch, ach, im Kahn von Aßmannshausen --- und in
Nothgottes --- im Kreuzbachtal --- ach --- hin und
wieder zurück --- nie wieder wird so wohl uns
werden, nie mehr --- hin und wieder zurück --- ach
süß, süßer Schall --- da wir zusammen waren --- nie
wieder --- nie mehr ---

Merlin

Merlin spricht zu dem kleinen Schwein.
Kleines Schwein, sagt er, ich rede wirr, weil
du aus mir sprichst, kleines Schwein
oder wer sollte sonst aus mir sprechen, es
ist keiner mehr da außer uns beiden
nur du, kleines Schwein, und ich, und ich
rede nicht mehr, also bist du es der spricht.
Siehst du, kleines Schwein, der Herbst ist
gekommen, dein Herbst und der meine, die
Äpfel sind reif nun, es wird Zeit zur Ernte, Zeit
sich zu mästen, wenn der Winter naht wird es
gut sein Fett angesetzt zu haben, den Frost
zu ertragen, dem Schnee und dem Eis zu trotzen
bereit zu sein lebend dem Tod zu begegnen
Wurzeln zu graben in den Wäldern, Beeren am
Strauch zu pflücken, es sollte sich wohl einer
Gedanken machen dem Lindenblatt eine neue Form
zu geben, kleines Schwein, die Dornen blühen nicht
mehr, die Vögel heulen wie die Wölfe und die Wölfe
zwitschern wie die Vögel, schlaflos in die Nacht zu
dämmern, den Schatten folgend und den
Mondflecken Weisheiten zu sprechen, kleines
Schwein, lohnt nicht, es vernimmt sie keiner, wer
vernimmt hört nicht, wer hört schon auf einen alten
abgewetzten Mann mit borstiger Haut,
Stummelschwanz, die Nase tief im
Boden versenkt, denn dort ist die Zukunft zu finden

nur dort, denn die Blätter werden zum Himmel wehen, die Erde stellt sich auf den Kopf, auch die Wasser werden zum Himmel fließen, doch du und ich, kleines Schwein, wir werden uns tief in den Boden eingraben.

Morgana le Fay

Schwarz ist ihr Haar
bleich das Antlitz
bleich wie ihre Liebe
kalt und leer
doch schön
verzweifelt schön
ihre Gefährten sind die Sterne und der Mond
und das bleiche kalte Moor
sie ist ein Geschöpf der Nacht
und sie verbreitet Nacht
mit nachtschwarzem Haar
sie ist nicht gut, sie ist nicht schlecht
sie ist nur Nacht und bleich und leer
mit schwarzem Haar
verzweifelt schön
und du gehörst ihr
ob du dich gibst
ob sie dich nimmt
Nacht umfängt dich
Nebel steigt auf
und durch den Nebel
mehr Nacht

Zweimal Undine

1. Undine mag nicht mehr

Quelle, Wasser im schwarzen Samtkleid
lichtlos im Schatten uralter Bäume
wo Ritter einst spielten mit den Burgfräulein
da war noch Licht und Schatten.
Deutscher Wald.
Da streiften deine Geschöpfe frei einher, Riesen
brachen durchs Gehölz, Lindwürmer tummelten sich
im Flug über gurgelnden Bächen, im unbewegten
See
lauerten Nixe und Wasserunholde, tief im Herzen
der
Berge stritten Zwerge und Schwarzalbe, und
Drachen
hausten in hoher Halle.
Vorbei. Deutscher Wald. Vorbei.
Erst haben sie dich zersungen.
Dann haben sie dich eingekerkert.
Eingemauert wie Undines Quelle. Ringsum.
Ein Blechnapf hängt an rostiger Kette. Ein
zerbeultes Schild: Undinenquelle.
Undine mag nicht mehr.
Ihre Wohnung – ein Gespött der Schulklassen.
Freche Jungs pinkeln ihr auf den Kopf.
Wander- und Waldvereine pellen die
Wurst an ihrem Gestade.
Das es einst war. Nicht mehr, nicht mehr ...

Undine mag nicht mehr.
Neulich habe ich ihr mal von Kanada erzählt
von einem Fluss, von einem See ...
Seitdem trägt sie sich mit Auswanderungsgedanken.
Wenn sie wirklich ginge – das fände ich schade.
Wo sie die Letzte hier ist ...

2. Die neue Undine

Undine ist längst aus dem
Teich gestiegen
Undine hat das Netz für sich entdeckt
der alte Teich, sie war es leid
mit Google kann sie sich die
heißesten Wässerchen spendieren
klickt sich rein und raus und
wieder rein.
Chatten tut sie für ihr Leben gerne
sie hat
zwar nicht so viele followers
wie der Papst
bekommt allerdings mehr Heiratsangebote
hat aber keinen Nerv mehr fürs Solide
steht eher auf die schrägen Typen
schräge Vögel
Spielchen treiben
und zwischendurch bei Google
ins Wasser
und wieder raus.

Oedipus

Es war schließlich nicht seine Schuld
sein Vater war ein verblendeter Narr gewesen
die Sphinx eine eingebildete Chimäre
seine Mutter eine vorbildliche Ehefrau
es gab keinen Grund den Verstand zu verlieren
dass er seinen Vater erschlug – es war
nicht zu vermeiden gewesen
dass seine Frau und Mutter ihrem Leben
ein Ende setzte
es trieb ihm Tränen in die Augen, gewiss
doch die Augen blieben drin
die Leute redeten – lass sie reden
er ist der König – wie oft hat er dieses Theben
vor dem Untergang bewahrt
seine Töchter, allesamt wohlgeraten
standen ihm zur Seite
nein
er würde sich nicht die Augen auskratzen
er würde nicht davonkriechen in Verzweiflung
was geschehen war, war geschehen – es war
nicht zu ändern
man musste es nehmen wie es ist, aufrecht
ohne Zögern
dieser Sophokles würde sowieso schreiben
was er will
egal was er tat, was er tut
so waren diese Schreiberlinge
zu allen Zeiten waren sie so

machten alles kompliziert
dabei
war das Leben doch so einfach
ein Becher Wein
und die kleine Antigone auf dem Schoß ...

Seelenfänger.Gold

´Es gibt kein Gold´ stöhnte Kolumbus
´es gibt kein Gold, es gibt kein Gold, es gibt kein Gold´
:: das Land ist vor ihm wie der Garten Eden
aber nach ihm wie eine wüste Einöde ::
Kolumbus wollte Schönheit & Jerusalem
das heilige Land, das heilige Grab
zu befreien
dazu brauchte er Gold, viel Gold
wollte zum Großen Khan, nach
Cathay hin fahren, das Gold zu holen
der Große Khan würde sich gewiss als
einsichtig erweisen, das Gold aushändigen
ihm
Cristoforo Colombo
ein Kreuzfahrer zur Unzeit
ein Geblendeter
ein Gottgesandter
wie von Sinnen
Jerusalem zu befreien
´gelobt es mir´
kniefällig, die Stirn in den Staub gedrückt
´gelobt es mir´
´gut´ sagten die katholischen Majestäten
´wir geloben es´
und Fernando lächelte, und Isabela lächelte
´bring uns das Gold ... dann werden wir sehen ...´
ein Geblendeter

ein Schatzsucher
Cristóbal Colón
Christum ferens
der Fahrensmann Gottes
der die Pforten des Ozeans öffnet
:: denn der Tag des Herrn kommt und ist nahe,
ein finsterer Tag, ein dunkler Tag, ein wolkiger Tag,
ein nebliger Tag ::
der Goldstrom, wo die Sirenen
im Meer sich tummeln
Zyklopen und Schwanzmenschen
wunderbar ist Gott in den Tiefen
navegó su camino ...
navegó a su via ...
navegó a su camino ...
navegó su vía ordinaria ...
das Meer ist wie ein Fluß, die
Luft ist süß und weich
Gloria in excelsis deo
Land!
Eine neue Welt? Neue Menschen.
Sie sind nackt
sie sind von schöner Gestalt
sie sind unschuldig
sie sind freundlich
sie tragen keine Waffen
sie sind wehrlos
unsere Hunde würden spielend
mit ihnen fertig werden
sie sind zum Dienen geschaffen

nehmt sie euch
schleppt sie weg
:: denn es zieht herauf in mein Land ein Volk,
mächtig und ohne Zahl, das hat Zähne wie die
Löwen und Backenzähne wie die Löwinnen ::
doch wo ist das Gold, das Gold, das Gold ...
man braucht nur nach Süden fahren, dort
gibt es einen König, der hat goldene Schüsseln
und die Schüsseln voll Gold
Strände von Perlen und Edelsteinen
Minen von Gold, Berge von Gold
wo? wo? wo?
nichts
es gibt kein Gold, es gibt kein Gold, es gibt kein
Gold
dann wenigstens das Paradies, der
Garten Eden
wo es heiß ist und wo Papageien sind
da ist das Paradies, so hat er gelesen
wenigstens das Paradies noch schauen
wenigstens
nach Spanien schreibt er, die Erde sei wie
eine Birne geformt, doch wo bei der Birne
der Stiel, da sei eine Brustwarze – das Paradies
doch wie er sich dem Paradies nahe weiß
- die Lieblichkeit der Landschaft, die Süße
des großen Stromes, in dessen Mündung er
einfährt, die Hitze, die Papageien –
flieht er
wie er alles zu fliehen beginnt

eine neue Welt? ein neues Festland?
ja, ja, nein, nein
er flieht
wie alle ihn zu fliehen beginnen
sich abwenden von ihm
unerreichbar geworden
das Gold
die katholischen Majestäten
das Paradies
Jerusalem
alles hat sich entzogen
alles hat sich gegen ihn verschworen
die Wellen sind höher als alles was er
je gesehen, das Wasser ist schwarz
wie der Himmel schwarz ist, es bäumt
sich auf, es wirft sich ihm entgegen, dieser
Ozean ist eine Furie
Christum ferens
yo estoy tan perdido ...
so flieht auch er
yo he llorado fasta aquí a otros ...
seine Seele flieht
aya missericordia agora el cielo
y llore por mi la tierra ...
den Verstand
flieht er
fort
verlassen
vergebens
umsonst

llore por mí quien
tiene caridad, verdad y justicia ...
:: Völker werden sich vor ihm entsetzen,
und jedes Angesicht erbleicht ::

6. Abteilung:

Bis ans Meer und nicht weiter

Bis ans Meer und nicht weiter
ich weiß
wo es möglich wäre
eine Möglichkeit zu finden gäbe
ein Möglich-Sein
ein Möglich-Werden

Bis ans Meer und nicht weiter
ich weiß
Glück ist das Ziel
auch eine Möglichkeit vertan
eine Möglichkeit abgewiesen
wo es die Möglichkeit ersetzt

Bis ans Meer
war das Ziel
ein Darüberhinaus
nicht anzustreben
warum
sollte ich mich verneigen
meinem Willen beugen?
Uferlosigkeiten
der Wille lässt sich
verführen

Wenn ich hier nicht stehenbleibe
und stehe
aufrecht
und sehe
und sehe dem entgegen

Nimm dich deines Lebens an
sage ich zu mir
nimm dich deiner selbst an

Aufrecht

Und wenn ich schwanke
gilt es dem
und dass ich sehe
sehen werde
und wenn es Pranken
in mich schlägt
unausgerichtet
der Ort
und die Kälte dafür
doch hier
hier wird es geschehen

Es darf nicht eine Handbreit
Luft dazwischen liegen
nur dies
und das Meer
im Rücken
keine Möglichkeiten
eine Entscheidung
hier

Bis ans Meer und nicht weiter

Hier
Hier stehe

Die Nordsee

Ich weiß, was mich erwartet. Es ist die
Nordseeküste. Meine Landschaft. Sie ist mir
eingeboren, ich bin hier groß geworden, der ich Teil
dieser Landschaft bin.
Ich habe sie wiedergefunden. Die war und ist. Mir
eine Freude. Und Schicksal. Und Trost. Und
Verlangen.
Plattes Land. Windräder. Die schwarzbunten Kühe
der Weiden. Knicks und Fleete. Reetgedeckte
Häuser ducken sich. Graues Gewölk darüber. Fest
und herrisch wie Wotans krause Stirn. Rasch und
galoppierend wie die Rosse der Walküren.
Durch die Heide führt mich der Weg. Über braune
und weiße Dünen zum grünen Deich. Darauf die
Schafe. Braune und weiße. Mehr weiße. Und die
weißen Möwen in der Luft. Kreischen. Weite im
Blick. Weite nach allen Seiten. Vor und zurück. Hier
ist Verharren. Lange Zeit. Ich suche mir eine Bank.
Ich setze mich. Ich zünde mir eine Zigarette an. Hier
bin ich. Und das Meer. Dort draußen. Die See.
Irgendwo. Ein schmaler Strich. Unbewegt. Kaum
feststellbar. Nicht fassbar. Unerreichbar. Scheinbar.
Und doch. Da ist es. Das Meer. Da ist sie. Die See.
Doch zuvor - die Marsch, die Salzwiesen, Priele
darin. Brachpieper und Feldlerchen. Aufgeschreckt.
Mich ausschimpfend. Dünen erneut. Niedriger nun,
sich absenkend - wohin? Nein, da ist kein Wasser.
Noch lange nicht. Da ist Sand. Und noch mehr Sand.

Das Watt. Die See weiterhin ein schmaler Strich. Hier ist kein Strand, der dir die Wellen plätschernd um die Füße spielt. Hier ist keine Küste überschäumender Brandung. Hier ist kein Kliff, an dem das Meer donnernd sich erhebt. Dieses Meer, wenn du es suchst, musst du dir erwandern. Dieser Sand. In der Sonne. Ein Geglitzer. Die Pfützen der letzten Flut. Leichtfüßig schreitet Freya darüber hin. In einem weiten, ihre zarte Gestalt weich umspielenden, leicht fallenden weißen Gewand. Unbewegt die See. Die alles vermag. Die fressen kann. Mich. Den Sand. Das Land. Nur den Himmel nicht. Den packt sie nicht. Der packt selber zu. Und wenn sie sich zusammentun, dann Gnade uns Gott.

Gehet nicht über das Feld
ihr Kinder
pflücket den Mohn nicht
und nicht die Kornblume
denn im Korne, da
sitzt die Mutter
die euch
zu fangen weiß
um Mitternacht
da seid ihr welk

Den Ausgang suchen und einen Neubeginn wozu
es gibt keine Fragezeichen
wofür auch
du beginnst keine Gedanken mehr zu entwickeln
aber
Fallen nicht zulassen
erfordert Denkprozesse
heißt
Unvereinbarkeit
und ob dies was nun beginnt
einen Weg darstellen kann
wird
zu erfahren sein
zu erfragen auch
mehr ist nicht zu erwarten
ein Wohin
ohne Fragezeichen
es ist ein
Dorthinaus
das geht weit
Ausgang und
Ansatzpunkt
Neu und
Beginn
Altes aufzustauen
stapelweise
verbrennen
Ein Anfang

Heißt das jetzt nicht

einen Anfang machen
einen Stapel verbrennen
eine Palette
und noch mehr
Lasten
abwerfen

Talsohlen. Mit Nebeln darin. Es sind Kuhlen. Darin Nebel suhlt. Nebel. Das ist verdichtete Luft. Die Feuchte angedickt. Das ist wie Schichtnougat. So fest. Und so verführerisch. Süße. In der Luft süße Schwüre. Von Verwandlung. Einkehr. Verschmolzensein. Ohne Wiederkehr. Erleuchtung. Das ist höchstes Erkennen.

Sie hatten uns beiden einen Arm abgehackt und in der Krypta abgelegt. Dort würden wir verbluten. Ich wollte sprechen. Ich wollte dir sagen, dass wir es schaffen könnten. Dass wir uns nur aneinander festzuklammern bräuchten. Und sprechen sollten wir, sprechen ...
Doch ich konnte nicht, ich konnte es nicht mehr. Ich konnte dich nicht halten, nicht mich.
Das war noch kein Traum. Das war noch im Wachen, als ich das fühlte. Und wie wohlig das Leben aus mir herausrieselte.
Dann schlief ich ein, und schlief ruhig und gut.

Fenster zur Erde

1

Unter einem Apfelbaum
liegt ein Fenster
gelagert
in Erde
gegraben
geborgen
ihr fragt euch wohl
wer
darunter
Würmer
Asseln
Mäuse
gewiss
und darunter
und tiefer
in Kreisen
in Zirkeln
vergraben
verschollen
in
euren Köpfen
spukt es sich fort
ein Fenster
zur Erde
nach drinnen

tief
und tiefer noch
verborgen
ein Gewissen
ein Wesen
ein Leben
ein Wendepunkt
eine Frage
und wie viele Wesen
und Leben
welches Gewesen
und welches Gewissen
noch
ein Fenster
zur Erde
geborgen hält

2

Über dieses Fenster
beuge ich mich
und lasse
meine Tränen an die
Scheibe klopfen

Dann
erscheinst du
mein Erdfräulein
dein bleiches Gesicht

so schön
die Unschuld
deiner Augen
deines Vertrauens
ungetrübter Blick

Über dem Fenster
gebeugt
ich

3

Wenn ich Acht gegeben hätte.
Wenn ich sie nicht allein gelassen hätte.
Wenn ich nicht weggegangen wäre.

Wenn es nur den Konjunktiv nicht gäbe.

Ich hätte mir einen Imperativ setzen sollen:
Gebe Acht!
Bleib bei ihr!
Geh nicht fort!
Ich habe nicht.

Ich habe nicht Acht gegeben.
Ich habe sie alleine auf dem Baum sitzen lassen.
Ich bin gegangen.

Und sie ist vom Baum gestürzt.
Sie ist mit dem Kopf auf dem Stein aufgeschlagen.
Sie ist gestorben.
Es war meine Schuld.
Es war mein Versagen.

Wenn der Tod kalt kommt
und er stand
und ich zeichnete ihn
als einen
dem es nach Champagner
gelüstet
nach nackten Frauen
in nächtlichem Taumel
mit Tambourines
und Kastagnettenklängen
dessen kaltes Glitzern
hinter dicken Brillengläsern
wie ein dürstendes
Unwetter wirkten
ein Buchhalter
mit blutvollen
sinnlichen Lippen
und dünnem Bärtchen
um den sich
die Geister kräuselten
die nächtlichen Gespenster
denen er keinerlei
Beachtung schenkte
die
waren abgetan für ihn
der sich zu mir nun
niederbeugte
mir
über die Schulter blickte
ein kaltes Schaudern

durchrieselte mich
als er mir eine weitere
Stunde schenkte

daraus
wurden Tage
und Wochen
und Monate
die sich
zu Jahren hinzogen
in ewiger Qual

Da ist die Weite und die Enge. Und ein Horizont.
Der in der Weite und der Enge ist.
Und wenn beide einen Horizont haben, dann wird sich der eine bescheiden, der andere ausschweifend sein. Oder kann es erstrebenswert sein eine Mitte zu finden?
Die Mitte zwischen Enge und Weite ist ein Alpental.
In der Enge findet man sich wieder.
Im Hinblick auf die Weite gilt das Wollen-Können.
Unumstößlich.
Über den Horizont geht nichts hinaus.

Worte

Worte. Alles Worte.
Unerträglich. Und für gewöhnlich.
De facto und de sentimento.
Vollkommenes Glück.
Vsiekh nye pereyebiosh!
Will ich ja gar nicht.
Eine Maxime.
Dennoch. Und dauerhaft.
Die Freude an den kleinen Dingen.
Ein Scherz.
Und ein Fieberanzug.
Ein Fieber im Anzug.
Ein Fieberanfall.
Fiebrig. Denke ich.
Das hält noch an.
Dann. Ein Stich ins Herz.
Ich überarbeite das Herz.
Lieber die Reizbarkeit ertragen.
Nervöse Reizbarkeit.
Und ein gewisses Lachen dabei.
Warum auch nicht?
Abschweifungen sinnlicher Art.
Und abwarten. Vergnügt.
Was da kommen mag.
Mit Zärtlichkeit und Leidenschaft.
Denken.

Es schmeckt mir nicht nach Wasser

doch das ist es
pharmakon
und
pharmakos
Wunder
und
Opfer
in einem Schluck Wasser
venenum - das Gift
den Mund zu öffnen
und jene Schatulle
die Krüge von Wein magischen
Inhalts, Kräfte
sich entfalten lassen

Wenn du es in Farben suchst
oder in Stimmen, die
du zu hören glaubst
dann bereits
gehst du in die Irre
du befindest dich

auf dem Holzweg

Doch
wer sind wir dann?
Oder endet es in
allgemeiner Beschimpfung?

Zur Erwägung -
Zwiefacher Schmerz ist leichter zu tragen
als ein Schmerz: willst du darauf es wagen?
- Nietzsche -

Das Meer. Mein eingebrannter Freund. Einer, von dem ich nichts weiß, nicht viel, oder zu wissen meine. Unbestimmt.
Das Meer. Es ist da. Keine Geheimnisse. Hinterm Horizont kein Anfang. Und kein Ende. Ein neuer Horizont. Und noch einer. Und doch.
Das Meer. Von hier aus und noch weiter. Die da waren einmal. Langschiffe. In See stechend. Von hier. Ja. Von hier aus. Und sie fuhren. Über.
Das Meer. So wie ich. Meine Reise antretend. In Gedanken versunken. Hinaus auf die See. Über die See. Immer. Und immerzu.

Es sei ein guter Tag zum Sterben, dachte ich, und fuhr einfach los. Ich drehte die Musik voll auf. Mahlers Achte. Ich fuhr bis die Sonne unterging. Da sah ich das Schild: Zum See. Ich bog ab zum See. Ich erreichte ihn kurz vor Dunkelwerden. Ich fuhr bis ans Ufer ran. Stieg aus. Streifte meine Kleider ab. Tauchte ein in den See. Der war kalt. Eiskalt. Ich schrie. Ich schrie alles aus mir heraus.
Und das Wasser, dieses eiskalte Wasser, streifte mir den Tag ab. Alle Tage. Soviele ich wollte. Und alte Freunde kehrten zurück, die ich vermisste.

Poem der Ekstase. Skrjabin. Prometheus. Das Feuer.
Bleckend. Versengend.
Können wir, oder nicht
- Klang, Ekstase, Farbenrausch -
in eins zusammenfassen?
Es sind die drei Augen der Finsternis.
Ich bin ohne Maß
und ohne Grenzen
innerhalb und außerhalb
meiner selbst
ein Gletscher
ein Lavafeld
Kratzspuren
Gesichter
die Leinwand
plastische Körper
schwelen
Rauch steigt auf
und ein Ton
aus der Tiefe
aus den Klüften
die Bergeshänge hinauf
ansteigend
ein Ton
der
um eine Farbe kreist
in sie eingehend
sich verneigt

Feuer
Berg
Gletscherspalte

Und wie heißt der Hunger
Und wie heißt der Hass

Lass das A sich öffnen wie eine Hölle, ein Schlund
Lass das C rotsaugen
Lass das D wie eine Eiterbeule platzen
Blau, grell, Purpur, Violett, das
deckt dich zu, Mondweißlich

Schwanenmädchen

Das Leben ist so leicht
hier und darüber
auf der anderen Seite
der Nacht

denn da ist eine, und
da fliegen die Schwanenmädchen
und ich lausche ihrem Flügelschlag
andächtig Blut durch mein Herz
pumpend
fröstelnd am Gartenzaun gelehnt
die Nacht will schon
aber sie darf noch nicht

was für eine hübsch-stille
Aussicht sich da bietet
und so burschikos
ja, sie haben Hosen an
ist ja doch auch praktischer

wo sie wohl landen mögen ...
es ist immer ein Schauerfeld
Schauderfeld irgendwo
auf diesem Planeten
da wird gemordet
dass es eine wahre Lust ist
ist doch recht blutvergießerisch
veranlagt, der Mensch

sollte man nicht glauben
wenn man die Sonne
scheinen sieht, und den Himmel blau
denn am Tag, da metzelt es sich
besonders genießerisch
doch jetzt ist Nacht
alles friedlich ringsum, nur
die armen Mädchen
immer auf Achse, die
werden rasten müssen
drüben am See, ja
dort gehen sie nieder, ich
seh sie noch zwischen den Bäumen
also hin, neugierdehalber
hallo sagen
Menschen sind immer auf Raub aus
Seelen oder Gold, oder beides
mir
gelüstet es nach Schwanenmädchen
gebs ja zu, nun
die Flügel werde ich ihnen nicht entwenden
und auch sonst ...
ich setz mich einfach ans Ufer
und warte bis sie sich das Blut
abgewaschen haben
die armen Dinger, da
kommen sie, drei hübsche
junge Mädchen, blond
anmutig ungezwungen
setzen sich im Kreis um mich hin

sie hätten mich am Gartenzaun
bereits gesehen
es täte ihnen gut
ein wenig Abwechslung
das viele Blut ...

Warum sie denn überhaupt noch
tätig seien, wollte ich wissen
sie zuckten mit den Schultern
wüssten sie auch nicht, Helden
gäbe es längst keine mehr
nur Schlächter
Heldinnen zwar, die habe es
immer gegeben, nur hätte
sich nie jemand um sie gekümmert
nun
sei da ein Frauenhaus, in Schweden
an einem See gelegen
immerhin ...

Und die anderen alle?
wollte ich wissen
da seien Tore eingelassen, in Bergen
überall auf der Welt, eiserne Tore
dort würden sie abgeliefert, die
Toten alle, hinter den Toren
seien Schreie zu hören
fürchterliche Schreie
es schauderte ihnen
sie zogen sich ihre Gewänder an

schnallten die Flügel über
wir müssen wieder ...
ich nickte

die Menschen glauben nicht mehr an Gott
es gibt nur noch Religionen
sagten sie mir zum
Abschied

dann flogen sie

Ich gehe gerne zu den beiden Alten hinaus. Sie wohnen dort, wo der Deich den Knick macht. Ich besuche sie gerne, denn man erfährt viel Leben von Ihnen.
Die Ewigkeit übergießt das Licht, sagte der Alte. Er stand an der Spüle und ließ Wasser durch ein Sieb laufen. Beharrlichkeit ist die äußerste aller menschlichen Tugenden.
Die Alte, die mir gegenüber saß, entblößte ihre schlaffen Brüste. Dies ist ein ewiger Fluss. Sie lachte schrill auf.
Komm mit, sagte der Alte. Er zog mich hinauf auf den Deich. Sieh hin, sprach er keuchend, dort draußen wächst eine Blume am Meeresgrund. Er deutete hinaus in die Nacht, auf das Meer, das wie Blei da lag.
Die Wasseroberfläche schwankt. Es zieht ein ockergrüner Nebel auf. Ich kann sie nicht sehen, die Blume. Ich höre Stimmen. Vom Wasser. Vom Strand. Ich weiß es nicht zu sagen. Ich konzentriere mich. Ich denke an Möwen. Ein Taumel von Leibern. Salzige Flut. Blut der Meerbrasse.
Wie Peitschenhiebe. Der Wind.
Du siehst sie nicht, sagte der Alte. Nein. Ich sehe sie nicht.

Freya reitet

Durch die Marsch reitet sie. Schwingt sich über die
Gräben. Stürzt sich mitten hindurch. Das tut sie.
Jeden Tag tut sie das. Sie ist ein wildes Mädchen.
Ihre Haare flattern im Wind. Und dann reitet sie
über den Sand. Ein weiteres Mal durch die Wiesen.
Durch die Dünen. Zurück zum Hof. Ihre Haare im
Wind.
Sie versorgt ihr Pferd. Führt es auf die Koppel,
später in die Box.
Enno gibt an vor den anderen. Zu viert kehren sie
vom Strand zurück. Ich kriege sie. Aber sie kriegt
mich nur, wenn sie nackt für mich tanzt, im Bett.
Freya reitet. Durch die Marsch. Über den Sand.
Traust du dich? Fragt sie Enno. Der wird rot. Duckt
sich weg. Sie lacht.
Freya reitet.
Es ist Dorffest. Du kannst nicht tanzen. Sagt sie zu
Hanno. Der steht da. Alle haben es gehört.
Dann liegt sie tot. Mit dem Kopf aufgeschlagen.
Genickbruch. Ein Unglücksfall. Das Pferd kehrte
zurück zum Hof.
Die Jungs kehrten zurück vom Strand. Wie immer.

Ich habe Gott gesehen. Ich habe getötet. Ich schreie vor Glück und Überwältigung. Was ist? Ich bin ein Fels. Der Tod dreht sich weg. Lässt alles zurück. Mich. Ich töte. Ich kann. Ich habe kein Herz. Zu geben. Nichts. Kein Engel spricht mir. Du. Ich töte dich. Ich glaube dir nicht. Du sagst: dein Herz sei mein. Ich glaube dir nicht. Ich töte dich. Ich brauche das. Du. Eine Neue. Geh lieber weg. Warum bleibst du? Meinen Fels zu sehen? Was ich tun werde? Ein Herz aus dir machen. Ein blutendes Herz. Weg. Geh weg. Wenn ich dich gehen lasse. Ein Grab graben könnte ich. Was würdest du sagen, wenn ich dich in Plastikfolie verpacke? Tot. Tot. Sterben. Wirst du. Stirb. Tod. Das ist es gewesen. Oh du, was für ein schönes Grab du mir sein wirst. Solch eine schöne Plastikverpackung. Grabe ich ein. Ein.
Heute sehe ich dich wieder. An meine Tür klopfst du an. Ich sage: Hast du dir das gut überlegt? Ich liebe dich nicht mehr. Warum bist du wieder frei? Geh zurück. Leg dich in dein Grab. Und zähle die Würmer.
Und, bitte, setze doch deine Augen wieder zurück in den Sockel.

Ihr Gesicht im Wasser. Wie die Lady Guinevere. Bleich und schön. Lange kann sie nicht darinnen gelegen haben. Ihr Gesicht. Es steigt auf aus dem Wasser. Und sinkt zurück. Wellengebrochene Konturen. Ich hole den Skizzenblock heraus und beginne zu zeichnen. Eilig, hastig. Doch es besteht kein Grund zur Eile. Keine Hast. Bis die Polizei auftaucht wird sie gestorben bleiben. Weil tote Gesichter etwas Lebendiges haben.

Träge verschwimmt mir der Tag
trübe der Himmel
und zaghaft die Luft mir
den Willen zum Atmen verstellt

es schwebt ein Geheimnis dort droben
das will mich verführen

ich brauche Licht
ich ...

und es ist alles Schweigen
wenn ich doch nur ...
und ich wollte doch ...
ich sollte einen Fuß vor
den anderen setzen
und einen Weg gehen
welchen
einerlei

das Geheimnis
dort droben
ergründen
sofern
es sich nicht entzieht
entschwebt

es wird nicht

der Parkettboden
unter meinen Füßen
spricht in Rätseln

es ist
eine Abendsonne
hinter den Wolken
die sind
groß und grau und schwer

das Geheimnis
hat seine eigene Zeit
dann
wenn es bereit ist
ich
nicht

die Wolken
und die Bäume
rauschen
ein Wind

und die Sonne
da ist
Licht
das

und ich werde die Stille
nicht brechen
nein
ich werde hier sitzen
und warten

Und wenn dann
wenn ich am Meer gehe
dieser große Vogel auftaucht
dann stellt sich die Frage
was ahnt er von mir?

Sein Warten
musste eine Bedeutung haben
sein Schweigen
einen Sinn verhüllen

Groß und schwarz
stand er da
die Flügel gespreizt

Es war in mir

Eine Erwartung

Hamlet / fällt

Hamlet
fällt
sinkt
bricht
zu Boden
zerstoßen
Auge
bricht
Augen
zu Boden
hat es ein anderes gegeben
ein anderes Geschehen ein
anderes Werden Sein Geboten
Gebären hoheitsvoll
geschmeichelt worden über
die Schwelle
da
kehrt es um ungerührt
nur
was wollen wir Phrasen
verschwenden
er ist doch tot der alte König
ohne Gnaden
auf Eis gelegt krumm
um die dumpfe Stunde
steht sein Grab nun leer
darin
sammeln sich junge Hunde

ein Übermaß an Eitelkeiten
wenn er das nur erkennen möchte
Hamlet
wie eine Puppe
Staubfäden zieht
der Hahn kräht
sprich
verweile doch
es ist zu spät
beim Anblick eines Tages
zu spät da
eilen Geister zu Gericht
kein Kobold schweift
den Hexen
gelingen keine Zauber mehr
zu tun ist nichts als
wirkten nächtliche Schatten
blutrot nun steigt
die Sonne auf
Gebein ruht bei Gebein
vom ersten Leichnam
bis zum Letzten
dass des Himmels Wind kaue
schänderisch schnaubend
schnaufend selbstzerfleischen
ich kralle meine Nägel in mich
ein eingehend Fleisch
zerfallen auf der Wache ich
Hamlet Antwort suchen
sprich König sprich

verfluchter Leichnam
ob Dornenweg
ob Blumenpfad
Ophelia deinesgleichen
ruft sie Zeit nach
Trompetenstößen
nah Mitternacht unumstößlich
qualvolle Flammen
dein Geist
ist ein Unumstößlich kaum
zu nennen wagen
wir es doch ja
daran verzehren sich die Flammen
in einer Schlange Blut
die stach in einem Garten
darauf die Sonne eine
saure Lust verbreitet von
Phlox Päonien Perlfarn
Schuld?
Schuld ist als ob die
Frage träfe
und hierauf tut er alles
losgebunden überm Auge
das bricht das sinkt das fällt
der Himmlischen dem
Abgott meiner Seele zugetragen
zweifle ob lügen kann
die Wahrheit
an meiner Liebe
zweifle nicht

ehrlich sein heißt zu verachten
wie es in der Welt hergeht
daran zu zerbrechen scheinen
Herzen
wer ein Herz hat
und sich eines nimmt
ungefragt unbewusst
aus seligem Antrieb
wenn
Tollheit
Methode
hätte
könnte wäre dann
nicht
hier bricht es ab
was
Augen Schweigen verkündet
und mit Blut gedüngt
ein Aufatmen im Himmel
auf der Erde
ein Aufschlagen
dumpfer Widerhall
lockende Gestalten
tagestrunken
sterben
schlafen
weiterschlafen
ein Ziel
auf das gemündet
alle Verstrickungen des Lebens

schluss-endlich zielen
Schlaf schlafen
tief
und ohne Gedanken
weiterhin
das Ende
es soll geschehen
alles weitere
zwingt blinde Wut

der Rest ist Ohnmacht
oder doch Vergeltung
unvergossne Zeit

Ophelia in den Städten

Brach der Zweig?
Was war das für ein Kraut, von dem sie sprach?
Ich kannte manche, die zerbrach an den Städten. Es
war ein zu großes Rauschen in ihnen. Das
überhandnahm. Sie fassten sich an die Kehle. Wie
wenn sie an Atemnot litten. Manche lächelte dabei.
Ich hätte so gerne einen Pferdeschlitten gehabt. Und
sie mit klingendem Glockenspiel aus der Stadt
gefahren.
Stattdessen beobachtete ich sie. Ich beobachtete sie
nur.
Einmal stand ich mit einer auf der Brücke. Der
Mond schwamm durch ihr Haar. Eine Reflektion des
Wassers warf einen Strahl auf sie. Blutrote Lippen.
Darin eine Zigarette zitterte.
Spring! Ich habe es nicht gesagt. Ich beobachtete sie.
Die Zigarette entglitt ihren Lippen. Der Fluss trug
sie davon.
Was für ein Kraut war es, von dem Ophelia sprach?
Wenn sich ihre Beine einem Prinzen öffneten, war
das Tugend noch oder bereits Schönheit?
Daran kann ein Geist zerbrechen. In den Städten ist
das Rauschen groß. Die Versuchung ist größer noch.
Hüte dich davor zu sehr zu lieben. Aber wem sage
ich das. Ich habe sie alle geliebt. Nicht aus der Rolle
fallen. Du fällst tief. Atemnot. Schwarzlackierte
Fingernägel, die nach der Kehle greifen. Blutige
Abdrücke hinterlassend. Wie wenn eine schwarze

Mamba zugestoßen hätte. Manche lächelten noch dabei.
Ich beobachtete sie. Von der Brücke die Treppe hinab. Die Schuhe ausgezogen und die Füße im Wasser gebadet. Treulieb. Ein Haar wie Sandelholz. Augäpfel von Ylang Ylang. Palmarosa der Mund. Zu süß! Zu süß!
Gib mir noch eine Zigarette. Und ich singe dir ein Lied. Von den Städten. Da ist ein Fetzen Grün hinterm Zaun. Schwäne, die vorüberziehen. Weiß wie Koks. Tieftraurig. Einer trägt einen Zweig im Schnabel. Den trägt er zu ihr hin.
Ich kannte einen. Der war des Lehrers Sohn.
Ich kenne die Geschichte.
Ophelia. Wenn du liebst. In den Städten. Du wirst ihn nie wiederfinden. Er spielt jetzt in einer Band, hast du gehört. Ophelia. Wenn du liebst in den Städten.
Nein. Du wirst mich nicht berühren.
Ich beobachte sie. Sie hält den Zweig.
Was war das für ein Kraut, von dem Ophelia sprach?
Nein. Ich werde sie nicht lieben. Ich werde keine Geduld üben. Auf einer schwarzen Treppe.
Mairosen sprießen. Vergissmeinnicht zum Andenken. Rosmarin für die Treue.
Und das Vergessen? Wer singt dem Vergessen ein Lied? Lethe, die den Mohn dir reicht. Den Schlaf, den eine Mohnkapsel birgt. Und ich werde dir keine traurigen Lieder singen. Wir werden noch eine Zigarette rauchen. Dann gehen wir zu mir nach

Hause. Das liegt oben in den Bergen. Im dreißigsten Stock. Dort wirst du die Schatten nicht mehr sehen. Keine Nachtigall singt. Den Zweig nimm mit. Es wird keine Obduktion vorzunehmen sein. Noch nicht.
Dass Tugend und Schönheit vereint sein mögen. Ob das Liebe ist?

Es war genug
er hatte es erkannt
auf diesen letzten Schrei
wollte er verzichten
er würde in sich selbst
zurückkehren
schweigend

Es war misslungen

Wenn zu viel Porzellan
zerbrochen war
wer wollte die Mühe
auf sich nehmen
die Zeit
auch
selbst
wenn es zu kitten wäre

Wunden klafften auf
es war unansehnlich
geworden
in welchen Schrank
sollte man es stecken
lieber gleich
auf den Müll
dort
konnte er
seinem Herzen

einen letzten Stoß
versetzen

Erinnerungen

Nach einem Jahr
würden die Narben
des Porzellans
auf seiner Haut sich
nachgebildet haben
ein Heilungsprozess
äußerlich
im Inneren
würde der Schwelbrand
nicht zur Ruhe kommen

Ausblickend
wenn er verbrennen sollte
darauf achten
dass niemand
ihm nahe sei
es war genug

Es wird Abende geben
die in Rosenquarz schimmern
dem Violett des Lavendels
zu Sträußen gebunden
mit silbernen Spangen verziert
es wird der Himmel
wie eine Staffelei
am Fenster lehnen
wir werden die
Balkontüren öffnen
die Nacht
uns
mit einem Seufzer
einem Schluchzen
empfangen
der Mond
zwillingsgespiegelt
im See
von bleichen Wolken
umgeben
die ihre Haare entfalten
wie Märtyrerinnen
aufgestiegen
unsere Seelen zu retten
dessen bedürfte es nicht
denn wer liebt
dem steht es frei
in Blicken versunken
einer Galeere zu folgen
die über das schwarze

Nachtgewölbe segelt
fernen Welten entgegen
jenseits allen Verstehens
umleuchtet
von einem Verlangen
dem das Universum
mit Staunen begegnet

Ich bin da wo die Krähen sind
am Kreuzweg in der Ebene
unter jenem Baum
wo der Mond
sein goldenes Haar ausweht
werde ich warten
wo die Nebel sich verdichten
wirst du mich finden

Dieses bleiche Gebein
die Tage
sind mir so lang geworden

Ich habe vor langer Zeit einmal
ich weiß gar nicht mehr was
getan
und ich habe gedacht
eine Vermutung
taucht auf in mir
sie geht gleich wieder unter
zwischen Morgen und Abend
dazwischen die Nacht
bringt auch diese Momente
nicht wieder
wo es aufblitzte
einmal, zweimal
ich weiß nicht mehr was
es ist längst bedeutungslos
geworden
ich weiß nicht mehr was
von Bedeutung ist
oder jemals eine Bedeutung hatte
ich deute auf den Schatten hin
den meine Finger werfen
indem ich dies schreibe
sie bewegen sich, die Hand
die den Stift hält, die Finger
die Schatten, diese
vor allem
ich möchte schlafen, schlafen
dann kommen Bilder
wenn ich erwache
waren die Bilder da

und es hat Geräusche gegeben
jemand hat
meinen Kopf aufgesägt
nun bin ich wieder da
er hat meinen Kopf gefüllt
mit einem Stoff
der Bilder schafft
ein Meer, eine Felsenküste
eine boca del infierno
Möwengeschrei
ich habe es mir gedacht
es ist geschehen
ich weiß etwas
ein schwarzer Panther
mit grünen Augen
ein Palmenhain
und ein See voller rosa Flamingos
meine Finger
ich strecke sie aus, ich
betrachte sie eingehend
es sind meine Finger
zweifellos
Werkzeuge
und meine Augen sehen
meine Ohren hören
ein großes Hämmern
dröhnt
und erneut
wird mein Kopf aufgesägt
es wird mir etwas gegeben

es wird mir etwas genommen
ich stecke in einer Eiswüste fest
in einem Iglu sitze ich
von außen
versucht ein Eisbär sich
Zutritt zu verschaffen
ich werde einfach warten
wenn er da ist
fliege ich davon
ein kleiner bunter Kolibri
doch warum
habe ich mich in eine Stadt
verflogen, voller Menschen
die nichts wissen
gar nichts
den Panther mit den grünen
Augen – kennen sie nicht
nur das Flugzeug, das
einschwebt und
den Himmel zerkratzt mit
seinem Geheul
dem
gilt ihre Liebe
und ihrer Einsamkeit
mit der sie sich liebkosen
ich möchte sie
in den Arm nehmen
jeden einzelnen
und sie trösten
und ihnen sagen:

tröstet mich auch
nein
ich gehe an ihnen vorüber
wie sie an mir vorüberhasten
ich werde in eine Kirche gehen
und eine Kerze anzünden
es ermüdet mich
die Schatten meiner Finger

Zwischen all dem Gedränge
im Licht, ich
ich suchte es nicht, ich
hatte es nicht haben wollen
nun erfasste es mich in
aller Schärfe, mich
der ich, geblendet, taumelte

wozu

in der Dunkelheit
fühlte ich mich wohler
nein
im Alleinsein
du kannst auch im Licht
sehr einsam sein

erst recht da

Umkehr, zurück
in die Schlangengrube
meiner Seele, badend
darin, mich
ausblutend

ein Gerippe, weiß und schön

Auferstehung feiern
in mir, mit mir
als Inkarnation

des Vergeblichen
Vergänglichkeit
ohnehin

stur

weitermachen, als ob ich
es könnte
ich kann es nicht mehr
ertragen, es entgleitet
mir

etwas

ich fasse danach
und halte mich fest
am Schopf gepackt
er hält noch
da ist noch etwas

Materie

Immerhin spüre ich
einen Schmerz
der wird
aufrechterhalten, ich
will es so

weiterhin

geht es in mir ein
und aus
das, was
in Worte zu fassen
so schwer fällt
sich einzugestehen

dass

in einer Sackgasse
aussichtslos
ohne Umkehr
nichts mehr
zu machen ist
als warten auf
eine Erlösung

die

nicht kommen wird
das Leben
hält keine Wunder bereit

nun gilt es

mit dem Kopf durch die Wand
denn aufgeben werde ich nicht

also

werde ich
und wenn es
das Letzte ist
den letzten Versuch
Leben wagen

Und wenn ich noch etwas weiß
nicht viel
wenn mir noch etwas einfiele
nicht mehr
abgebrochene Gedanken
vom Rest der Welt
der Regen hat es fortgespült
der Donner meine Ohren zertrümmert
der Blitz die Zunge gestochen
da ist nichts mehr
als die Angst
unbestimmt
sitzt sie mir in den Knochen
es geht nicht mehr
da ist nichts mehr
nichts
als der Wunsch
dass es zu Ende ginge
langsam ausklingen möge
diese Melodie des Regens
wenn er sich
zum Bleiben entschließt
wie eine Einkerbung
in der Haut
wie Jahresringe

Es gibt Momente, da frage ich mich, was ich hier noch soll, auf diesem Floß aus morschem Holz, das den Fluss meines Lebens hinuntertreibt, ich könnte mich doch einfach ins Wasser stürzen, doch dann wieder, ich könnte ein neues Ufer ansteuern, einmal mehr, doch wie oft war ich an diesen Ufern gelandet, wohl auch gestrandet zuzeiten, es spielte eigentlich keine Rolle, und es spielt keine Rolle mehr, es nutzt sich ab, die Erfahrung der Ufer nutzt sich ebenso ab wie das Holz des Floßes, ich brauche mich da keiner Illusionen hinzugeben, doch gerade sie sind es, die das Floß weiter treideln lassen und die Ufer in trügerisches Licht tauchen, neue Erfahrungen verheißen, ungeahnte Glückseligkeiten in Aussicht stellen, was treibt mein Gehirn doch für Spielchen mit mir, und wieder die Frage, ob ich es ausschalten sollte, den Schalter umlegen, in den Fluss springen, doch nein, ich werde den Weg zu Ende gehen, immer eine Illusion vor Augen, von einer zur anderen hangelnd, in Anstand und Würde, das sind bald bloße Hüllen noch, nicht mehr, wo man die Nacht vor Augen sieht.

Vor der Morgendämmerung
zwielichtig
dunkel
als ich durch diese Stunde reiste
in Lichtzauber wechselten
einer Allee
Pappeln und Platanen
undurchdringlichen Wetters
Dichte
dann
wie durch den Schleier
eines Wasserfalls tretend
eine Ferne
ausgegossen wie
flüssiges Marzipan
zu Füßen der
schwarzen Madonna
der Fluss bedeckt
mit sinnlicher Schönheit
ein zerfetztes Hundeohr
und das übrige Erdreich
ein Auswurf
zerstampfer Schnecken

Das Beet

Die rote Rose in die Mitte. Ein Rosenbusch. Die Leichenteile im Kreis gelagert. Gleichmäßig verteilt. Tief eingraben. Ruhig bleiben. Entspannt. Lächeln. Er ist fort. Vergangenheit. Lavendel oben drüber. Viel. Viel Lavendel. Duft. Lächeln. Lächelnd die Arbeit vollenden. Bald ist es getan. Ruhe. Glück empfinden. Zufriedenheit.

Es herrscht Dunkelheit.
Schwärze.
Es könnte eine Theaterbühne sein.
Die in Schwärze getaucht ist.
Darauf steht ein Mensch.
Der in Schwarz gekleidet ist.
Nur seine Hände, sein Gesicht bilden einen fahlen Kontrast.
Die Hände bewegen sich.
Das Gesicht bewegt sich nicht.
Der Theaterraum, wenn es denn einen Theaterraum gibt, ist leer.
Da ist Dunkelheit.
Schwärze.
Die Hände bewegen sich schneller.
Weiterhin.
Langsamer werdend.
Verharrend.
Das Gesicht.
Die Hände.
Keine Bewegung.
Mehr.

Es ist alles ganz schwarz.
Es ist wie auf einer Theaterbühne, wo alles in Schwärze getaucht ist.
Da ist ein Mensch.
Der bewegt sich.
Der ist ganz in Schwarz gekleidet.

Nur seine Hände, sein Gesicht, bilden einen fahlen Kontrast.
Der Mensch lebt.
Aber wir wissen es nicht so genau.
Der Mensch bewegt sich.
Er bewegt seine Hände.
Sein Gesicht bewegt sich nicht.
Er atmet laut.
Wie ein Dampfhammer.
Das könnte Leben bedeuten.
Oder auch nicht.
Zu viel Leben.
Zu sehr.
Wenn es ein Mensch ist.
Die Hände bewegen sich schneller.
Der Theaterraum, wenn es denn einen Theaterraum gibt, ist leer.
Da ist nur Schwärze.
Leere Schwärze.
Die Hände bewegen sich schneller.
Dieser Mensch ist allein.
Oder ist es eine Laterna Magica.
Wenn es ein Mensch ist –
ist er immer allein gewesen?
Weiß er von anderen Menschen?
Sucht er?
Andere Menschen?
Weiß er von seinem Alleinsein?
Das Gesicht bleibt unbewegt.
Seine Hände bewegen sich.

Weiterhin.
Langsamer werdend.
Nun sind die Hände still.
Nun hält er inne.
Ich wollte, ich könnte ihm helfen.
Aber ich bin nicht da.
Aber vielleicht braucht er auch keine Hilfe.
Kein Entgegenkommen.
Keine Anerkennung.
Keine Liebe.
Nichts.

Ich, im Schmerz, ein Begleiter, der Beständigkeit, um mich besorgt, eine Warnung, nicht mehr, ein Pochen an der Tür, ich werde nicht öffnen, er öffnet sie mir, mir öffnen sich die Augen, eine Sekunde nur, und ich bin, der Begleiter, du, wir schließen uns ein, wir werden eine Geschichte erzählen, vom Schmerz, der …
Nein, es tut nicht weh, der Regen hat nachgelassen, die Nacht wird kalt, ich gefriere in dir, du, ein Lächeln, verzerrt, in Dankbarkeit, ich, ergeben dir, du, es gibt nur dieses eine Universum, der Schmerz, du, geh nicht fort von mir, was ich fühle, dich, du, einzigartig ist der Schmerz in mir, vollkommen.

Ich werde
bis ans Ende der Worte gehen
viel zu bedenken
gibt es da nicht

Ein Göttertag

Wie soll man einen Tag erleben, der im Regen schwimmt, mit einem trüben Himmel, der an jahrealte, verklebte, abgenutzte Tünche erinnert, schließlich den Regen in einen lustlosen Schneeschauer übergleiten lässt, wie soll man einen solchen Tag anders erleben als in finstere Gedanken versunken, verstrickt, eingebunden.
Und doch war eben dieser Schneeschauer nicht ohne Wirkung geblieben. Die letzten Tage hatte der Himmel, dieser scheinheilige Bruder, von Frühling geflüstert. Nun bewies er mir auf einen Schlag, dass es noch lange nicht daran war.
In dieser Gewissheit ähnelte der Tag dem Gedanken, an dem ich herumgenagt hatte, einen Herbst, einen Winter lang, wie ein armer Hund auf einem Knochen, den er nicht zu beißen mehr verstand auf seine alten Tage mit morschen Zähnen - und es doch wieder und wieder versuchte.
Versuchen musste, wie ich mir eingebildet hatte. Nun setzte ich dem ein entschiedenes 'Nein' entgegen. Nein, das war ich nicht. Ich weigerte mich mir dieses Bild, diesen Gedanken, den ich, viel zu lange schon, verinnerlicht hatte, weiterhin zu eigen zu machen.
Es würde, überlegte ich, wie es diesen Gedanken gab, einen anderen Gedanken geben, einen, der zurückführte ans Licht, eine neue Sonne aufzuspüren. Es mochte einen langen Weg bedeuten,

doch vielleicht auch nicht, denn wenn du einmal das Licht erblickt, wie in diesem einen Moment, da der Schnee verflogen war bevor der neue Regen einsetzt, würde der Weg nicht mehr zu verfehlen sein.
Ich würde nicht mehr zurückkriechen in ein Herz, das verblutend am Straßenrand lag. Da war Licht, da war ein alles überfangender Himmel in seinen Farben, die er mir eröffnen würde.
Und dann war auch der Regen davongezogen und es zeigte ein seidig blaues Leuchten sich unter silbernen Cyrruswolken. Ein Göttertag.

Die Nacht ist
und ich bin
in der Nacht
geborgener
als im Tag
die Nacht und
selbst
wo sie grell ist
und laut
ist sie still
sie schweigt sich
das all-tägliche
aus
ganz am Ende
ist sie es
ganz

Wenn sich das Licht verfinstert
und die Pferde
in großer Menge
zu Tale galoppieren
da heißt es
sich nicht
wehrlos
mitreißen zu lassen
es sucht seine Flügel
das Licht
der Erde
auf Wanderschaft
und es hat
wohin es geht

Worte
Worte
und ein See
und ein Schlaf
der Dekaden
durchdauert
in Tiefen
zerspießt
Nymphen
des Waldes
Wächterinnen
Götterburgen
Göttertugenden
Ach
diese Abende
ungestümer
Rosenblüte
umwehtes
Blau
die in
Weihrauchglocken
aufgetürmten
Nächten
sich sehnten
Es ist ein Wald
anemonenhafter
Gespenster
erhenkt
an Bäumen baumelnd
schön

und erschreckend
zugleich
Es werden keine
Vergebungsküsse
erteilt
es ist
ein Ende
und in diesem Ende
findet sich weder
Erbarmen noch
Erlösung
Diese Welt
geht zugrunde
diese Welt
ist ihrem Untergang
geweiht

Die Folterung dauerte lang, doch wenn du einmal den Beginn einer Folterung überwunden hast, bereitet das Ende keine Schmerzen. Im Gegenteil, du entwickelst ebensolche Lust daran wie die Folternden und endest mit ihnen in gemeinsamer Ekstase.

Seht wie die Wolken geh´n
wie sie geh´n
wie sie geh´n
gefußt
wie auf Menschenbeine

Seht wie der Himmel steht
wie er steht
wie er steht
und verdrängt
seine Wolken
wie er dreht
wie er dreht
und doch steht
wie ein Stein

Seht wie der Wind
er sich dehnt
über Land
wie er weht
wie er dreht
und doch steht
auch er steht
wie ein Stein

Und seht
seht doch, seht
wie sie geh´n
wie sie geh´n
die Wolken

wie sie geh´n
plötzlich
steh´n
seht doch
wie sie steh´n

Seht
wie sie steh´n

Alles Stein

Lucrezia Borgia

Lucrezia, die du
von überirdischer Schönheit warst
irdischer Machtgier ausgeliefert
hast dich widerstanden
deiner Familie
Größenwahn und Überhebung, der
du nicht
verfallen
tief gelitten
in Poesie, Musik
ein eignes Reich geschaffen
immer
mit einem Lächeln, das
dir böse Nachrede verschaffte
den Vater, deine Brüder überlebt
der Fürsten, vielgepriesen
Untergang
du nicht
die der Gerechtigkeit Regentin
zu Ferrara wurdest
du geliebt
von allen
in Schönheit
und im Tod
zu früh

Der Tod ist ein ernster Gastgeber.
Er hält auf Ordnung
und lädt seine Gäste feierlich ein.
Sie folgen ihm, und es wird eine lange
Prozession. Ob bei Tage, ob bei Nacht.
Durch die Straßen ziehen sie. Hinunter
zum Hafen. Dort liegt ein Schiff vor Anker.

Am Ufer des Nils steht eine goldene Kuh.
Die trägt einen schwarzen Mantel.

Einen anderen Tod gibt es.
Den wissen wir in den Bergen.
Auf einsamer Wacht steht er
und überblickt das Tal. Wo die
Schafe weiden. Und wenn der
Adler herabstößt, und wenn der Wolf
zum Sprung ansetzt, wird er zur Stelle sein.

Und in Lüften ein Engel schwebt.
Der bläst die Posaune.

Am Ende, sagt der Tod, ist es doch gleich.
Er sitzt neben mir, die Beine übereinander
geschlagen, und betrachtet sich meine Lunge.
Ob ich dir noch acht Tage gebe, oder acht Jahre.
Für mich nicht, sage ich, ich habe noch eine
Verabredung einzuhalten. Ja, lacht der Tod, mit mir,
und nimmt noch einen Schluck von
meinem Wein. Nein, sage ich, komm, wir

gehen noch eine Zigarette rauchen.
Und ich erklärte es ihm.
Ich hätte den Tod nicht für so sentimental
gehalten.

Alles ist grau

Alles ist grau.
Nur das Grün der Bäume nicht. Blattgrün.
Die Vögel singen lila.
Die Auspuffgase schimmern fleischrosa.
Meine Liebe ist blau. Gletscherblau.
Die Gedanken an Morgen Schwarz.
Weiß ist die Nacht. Warum nicht?
Die Gedanken an Morgen verwandeln sich
zu Gelb. Apricot.
Dein Kleid ist blau mit weißen Tupfen.
Die Frau dort drüben trägt ein Rotes.
Die Tupfen bleiben weiß.
Orange ... Holland ist manchmal
ganz in Orange getunkt.
Karminrot hat mir immer gut gefallen.
Aber wo findet man das noch.
Außer in den Schuppen eines Drachen.
Den Drachen findest du im
seegrünen See. Stahlblau das
Schiff der Überfahrt.
Purpurviolette Wogenkämme.
Oh ja! Ultramarinblau.
Gibt es nicht. Habe ich nie gesehen.
Oder doch? Einmal vielleicht.
In der Karibik. Tief unten.
Kurz bevor mir zinnoberrot wurde.
Als Zustand nicht zu empfehlen.
Als Farbe ... Goldgelb. Warum nicht.

Die Lavendelfelder der Provence.
Siena. Braun – Rot.
Was für ein schöner Dom. Aber doch eher
Gotischgrau. Und Schwarz.
Marmor. Grau und Schwarz.
Aber das Braun? Doch, das Braun ist
auch enthalten. Light Tan Brown.
Und die bunten Fahnen der Contraden.
Istrice, das Stachelschwein.
Blau – Weiß – Schwarz – Rot.
Pflaumenblau. Und Fuchsie.
Kornblumenblau. Aquamarin.
Ziegelrot. Rubinrot.
Wild Strawberry. Rhodamine.
Alles ist grau. Der Himmel verdüstert sich.
Waldgrün. Dschungelgrün.
Ich halte dagegen.
Gold. Silber. Und Bittersweet.
Wie Wermut. Ein Wermutstropfen.
Ich heitere mich auf.
Absinthisch Grün.
Und dann noch den französischen
Pfefferminzsirup unterrühren.

Wie ist es
wenn du
auf den Stufen sitzt
und auf mich wartest?
Wie ist es
wenn der Mai
im Chor
der Goldammern singt?
Wie ist es
wenn die
wilden Rosen
dich umschlingen?
Ich
der ich
dir nähere
umschlinge
dich ganz

Weil es ein 'Wie' gibt
und ein 'Warum'
und weil nichts einfach
nur so geschieht
und den einen fliegt
das Glück um den Hals
und die anderen müssen
es suchen gehen
es ist aber auch so
dass man Glück
sich schenken kann
und mir
taucht ein Bild auf
von dir
inmitten
einer Frühlingswiese
und das
schenke ich mir

Das Wunderbare geschah nicht

Ich saß in einer Kneipe. Dicht neben der Tür. Es war kein Platz sonst frei gewesen. Eine Raucherkneipe. Eine Kneipe, in der man rauchen konnte ist gut besucht.
Dicht neben der Tür stand ein Kleiderständer. Daran hing ein einsamer Mantel. Es war ein roter Cashmere-Mantel. Er wirkte – zierlich. Ich stellte mir sofort die passende Frau dazu vor. Unter dem Mantel wird sie ein elegantes rotes Kleid getragen haben. Helle Nylons. Rote Pumps. Ende zwanzig, Anfang dreißig. Langes blondes Haar. Eine Schönheit, zweifellos.
Ich schaute mich um. Und konnte sie nirgendwo entdecken. Worauf ich vorbereitet war. Es war Sommer. Der Mantel musste schon länger dort hängen.
Wie ich so am Denken war, kamen zwei Typen zu mir an den Tisch. Die hatten vorher an der Theke gestanden. Ich erkannte sie sofort. Es waren das dekadente und das debile Anhängsel der Kneipe. Eine solche Kneipe kann sich das leisten. Für eine solche Kneipe ist auch der Besuch einer blonden Schönheit im roten Cashmere-Mantel nichts Außergewöhnliches.
Sie seien meinen Blicken gefolgt, erklärte mir das dekadente Anhängsel. Der rote Mantel. Alle, die neu hereinkämen würden nach dem roten Mantel sehen. Sie wüssten Bescheid. Sie würden es mir erzählen.

Ich lud sie ein Platz zu nehmen. Bestellte eine
Runde, ich wusste, was sich gehörte. Sie nahmen es
gleichmütig zur Kenntnis.
Im Januar sei das gewesen. Am 6. Januar, um genau
zu sein. Erneut war es das dekadente Anhängsel, das
sprach. Sie habe mit so einem Schnösel am Tisch
gesessen. Einem Oberarschloch. Sie hätten den
ganzen Abend gestritten. Geraucht. Pernod gesoffen.
Und gestritten.
Und irgendwann dann sei sie aufgesprungen und
hinausgerannt. Jawohl, gerannt, bekräftigte das
debile Anhängsel. Und den Mantel habe sie hängen
lassen. Auch ihr Begleiter, wie er später ging, habe
keine Notiz davon genommen. Natürlich, ein
Schnösel, ein Oberarschloch.
Den ganzen Abend erzählten sie mir solche
Geschichten. Geschichten des Unbegreiflichen, das
sich hier ereignet hatte.
Doch meine Blicke hingen nur an dem roten Mantel.
Gemeinsam rauchten wir, tranken wir. Das
Wunderbare geschah nicht.

Der Andere
Einer
tunkt frischen Wein ein
Blut

Betonpfeiler
kommt keiner gegenan
an
Kopf
Glatze
Bauch
Baulärm
an
die vierspurigen Autostradas
wo doch durch meinen Kopf
keine Türme passen
die Nutten
haben ihre Freier
auf die Straße gesetzt
raus
raus
Heulkrämpfe
Knoten im Magen
eine Kette langer Männer-
beine
das letzte klirrende
Vorhängeschloss
weit weg
getrieben
schäumende Hilflosigkeiten

gepumpt
gehetzt
gehechelt
gespreizt
in der schwarzen Lagune
Rattenköddel
geröstet
und ich suchte Gesichter
Gesichter von Mensch-
Leben
im Nebel Schleim
nein
oder
wie wenn du
ein Kondom durchstoßen wolltest
durch
durch
Schwanz voran
in Raserei
ein Schrei
vorbei
vor
vor-erst die
das gefühlte Fleisch
gefüllt
Männer-
gebein
Schleim

darin
die Nutten vergraben
in ihren Fingernägeln
blutrot
am Ende der Nacht
kein Ende in Sicht

Siehst du
dort
im Ginsterbusch
hat sich eben
eine Seele bewegt
Seelen
gehen nie
verloren
denn in ihnen
ist alles aufbewahrt
was ein Mensch
jemals dachte
fühlte und erlebte
und auch
das Ungeschehene
liegt darin geborgen
noch
und vieles mehr
das nie vergeht
und darum sieht man
manchmal
wenn der Wind
sich regt
eine kleine verborgene
Seele
bewegt

Spiralförmig flattern
die Blätter
zu Boden
haften an
und in
Nässe
Regen
haftet
wie Gummireifen
eine
Assonanz
Furcht
einflößend
wie
ein blauer Zirkusaffe
wir
lieben
schöne Dinge
nein
wir sind
nicht
empfindsam

Von Norden
legte der Regen
nochmal richtig zu
was uns aber
nicht aufhalten konnte
wir fuhren einfach weiter
bis ans Meer
und dann waren es
Wolken mit Silberfüßchen
die uns begrüßten

Tote Gesichter
wer
fragt ihr euch
sammelt tote Gesichter
und ich sage euch
dass da einer ist
dem das Leben
nicht genug
das Leben
alles genommen
einer
der über das Leben
hinausgegangen war
der
die Grenze überschritten
Tote Gesichter
Todesgesichter
wenn das Auge
nur gebrochen noch
zu sehen
eine Abzweigung
des Geistes
eine
Krümmung der Zeit
auf diesen einen Moment hin
da das Auge brach
eine Deformation
eine Endgültigkeit
Wie sehr erschrocken

fragt ihr euch
musste dieser Mensch
sein
wie sehr verzweifelt
er
sich vorangetastet
fortgeschleppt
haben wird
von einem Tod
zum anderen
leblos
in seiner Gestalt
das sage ich euch

Grau

1

Fläche
Raum
und Ausblicke
Grau
das ist Sehnsucht
Sehnsucht Grau
mein nördliches Grau
so schmutzig
so mächtig
dick vermummt
undurchdringlich
eine Wand
von Trauer
Wut und Abscheu
darin
tunke ich
meiner Lippen
Sehnsucht
Grau

2

Konzert zu Ehren
einer verstimmten Violine
der Konzertsaal
ein Feld
ein Weg
Birken
kahl
das Weiße
das Schwarze
der Hintergrund
Grau
Wolken
Grau
Wolken
stählernes Grau
die Violine
Schmerz
geschnürt
Finger
gekrümmt
im Wind
der Wind
schmetternd
wie eine Fanfare

3

Grau
als eine Bewegung
die Grauen
erzeugt
mit
Argusaugen
wiedergekäut
Aare
und Grimoire
liber spirituum
Azazel
Herr aller Kohorten
des Entsetzens
erscheine
Grau
und dann
wenn die Blitze
so ganz nahe kommen
da weißt du es
da spürst du es doch
wo die Macht wohnt
dort droben
und Sturzbächen
wie ich noch keinen
begegnete
erlebte
über mir
mit einem großen

Donnern
umfasste es mich
dieses eine
große
Grau

Auswendig
weiß ich nicht
inwendig
könnte ich
eine Ahnung
aufgenommen haben
einen kleinen
wollenen Faden
den ich
zwischen Daumen
und Zeigefinger
reibe
er ist so weich
Ob das Ahnen
genug wäre
fragte ich mich
lehnte mich
in die Kissen
zurück
Betrachtung
der Bäume
die im Wind
sich regen
daran besteht
kein Zweifel

Es gibt Brücken
da begegnet man sich
es gibt Brücken
da kommt man sich entgegen
es gibt Brücken
da verfehlt man sich
der eine
geht darunter hindurch
und der andere
steht droben
es gibt Brücken
von denen man springt
es gibt Brücken
auf denen man
Rost ansetzt
es gibt Brücken
die führen
ins Nirgendwo
es gibt Brücken
in eine andere Welt
es gibt Brücken
die bauen wir uns
bevor ein Traum
zerfällt

Schatten

Es ist ein Schatten
der Schatten erreicht mich

Ich bin ein Schatten
ich erreiche dich

Du wirst ein Schatten sein
wie ich

Schatten

Wir begründen
eine Schattenwelt

Schatten
sind etwas wunderbares
sie wandern
sie haben kleine Füßchen
sie können umhergehen
sie können sich
zärtlich umarmen
ohne dass andere
es bemerken würden

Schatten
können
aus ihrem eigenen

Schatten
heraustreten

Wenn sie es wünschen

Wenn ihnen danach verlangt
kehren sie zurück

Schatten
sind frei

Du
im Schatten
Ich
im Schatten
in unvergleichlicher
Grazie
wie die Wolken
die unsere Schwestern sind
wie der Wind
der unser Bruder ist

Ein Schatten
lebt
und tanzt
in Maiglöckchendüfte
gehüllt
von Kastanienblüten
umweht

Zwischen Luft
und Erde
ein
geheimnisvolles Schweben

Wie Ebbe und Flut
bist du mir
mal fern
mal nah
wie der Mond
bist du mir
nur ganz selten
verspäten wir uns
dann
ist da ein Stern
der
den Weg
uns weist

Als ich dir begegnete
begann ich
einen Streit
mit mir selbst

Als ich dir begegnete
stellte sich die Welt
quer
und auf den Kopf
doch niemals gerade

Als ich dir begegnete
begannen die besten Tage
meines Lebens

Still ruht der See

Manchmal
denk ich an Pfingstrosen
schon
manchmal
denk ich an dich
dann wieder
sag ich mir
lass doch
lass einfach los

Mach ich das mal
gut
dann wird es
kein Märchen mehr
geben mit uns
muss ich
alleine in den Wald
auch wenn kein
Schneewittchen
zu finden
es
ein Zwerg
nur wäre
mit dem
setz ich mich

auf einen Stein
ein
Pfeifchen rauchen
Zwerge haben
ein besonderes Kraut

Ich könnte aber auch
überlegte ich mir
vom Sendemast
springen
mit meinem
radikal verwirrten
Kopf
auf dem
Kopf
steinpflaster
aufschlagen ...

Och nö
wie ich das
genauer überdachte
in allen Einzelheiten
und so
dachte ich
es regnet so schön
da
will ich lieber
eine Runde

durch die Pfützen
plantschen gehen
die Sterne aufzumischen

Es ist doch irre
sagte ich mir
dabei
(beim Plantschen)
dass wir ständig
so grandios
so übermächtig
himmelprächtig
aneinander vorbeischweben
müssen
eindeutig
ein zu viel
an Fantasie
ist aber auch
was Schönes
irgendwie

Auf einer Wolke
sitzt du
aber
wenn ich sie
treiben ließe?

Vielleicht hatte ich sie
gar nicht kommen sehen

Es hätte eigentlich
ein Liebesgedicht
werden sollen ...

Ich weiß
ich weiß
ich hab es schon verstanden
hier wird nach
Hunden gepfiffen
Liebesgedichte sind out
Liebesgeschichten erledigt
Märchen Relikte
der Vergangenheit

Nun ...

Dann werde ich wohl
umsonst geträumt haben
oder?

Schön
war es doch
und
was will man mehr
zu einer Zeit sagen
wo in jedem Kopf
ein Loch sich aufspreizt

Da kullern die Tränen

Dann
kehren die wilden
Schwäne zurück
ich
werde barfuß
laufen durch den Sand

Lange Zeit
und wohl
ein Stückchen länger
und die Kiefern
streben
himmelwärts
wie meine Augen
die wachsen
geblendet

Da fällt mir ein
dass wir doch eigentlich
gemeinsam ...
aber
ich bin ja ganz
verwirrt
in meinem Kopf

Hab ich noch was vergessen?
Eine Verabredung
ja
ich werde da sein
auf der Heide sitzen
und weiterhin
ein Gesicht schneiden
dazu
könnte ein Braunkehlchen
was erzählen
und für die Hasen
käme die Zeit
große Sprünge zu wagen

Das wäre die geeignete
theatralische Atmosphäre
aber
wem sage ich das

Lustig
ist es immer noch
obwohl es völlig
bescheuert ist
das
musst du zugeben

Ich gebe
noch eine Zugabe

Weil doch
die Schwäne
wiedergekommen sind
und ich am Ufer sitze
und ein Kahn vorüber treibt
da sitzt niemand drinnen
und ich wundere mich
und höre eine Stimme flüstern

Es war meine eigene